那些离不开又讲不明的 IT 知识

[日] 三津田治夫　监修
[日] 武田侑大　绘
[日] 岩崎美苗子　著
　　 顾欣荣　译

机械工业出版社
CHINA MACHINE PRESS

近些年，信息技术的发展速度非常快，人工智能、深度学习、云计算、大数据、虚拟货币、区块链等与信息技术（IT）相关的术语不断出现。也许你觉得不了解它们的具体含义并没有什么影响，但是处在信息时代的我们，日常生活与它们息息相关。比如为了更好地访问互联网，我们需要在家里组建小型的局域网；为了更好地学习，我们需要在网上购买或者查询各种资料；为了更好地工作，我们偶尔需要远程办公等。

本书主要介绍这些我们离不开的IT知识。阅读本书，你会清楚地理解它们，进而让生活更丰富多彩。

Original Japanese title: ZERO KARA RIKAI SURU IT TECHNOLOGY ZUKAN

copyright © 2020 Haruo Mitsuda, Yukihiro Takeda, Minako Iwasaki

Original Japanese edition published by President Inc.

Simplified Chinese translation rights arranged with President Inc.

through The English Agency (Japan) Ltd. and Qiantaiyang Cultural Development (Beijing) Co., Ltd.

北京市版权局著作权合同登记　图字：01-2021-2300号。

图书在版编目（CIP）数据

那些离不开又讲不明的IT知识 / （日）三津田治夫监修；（日）武田侑大绘；（日）岩崎美苗子著；顾欣荣译. — 北京：机械工业出版社，2022.12
ISBN 978-7-111-72237-3

Ⅰ.①那…　Ⅱ.①三…　②武…　③岩…　④顾…　Ⅲ.①信息技术–基本知识
Ⅳ.①G202

中国版本图书馆CIP数据核字（2022）第249091号

机械工业出版社（北京市百万庄大街22号　邮政编码100037）
策划编辑：黄丽梅　　　　　　　责任编辑：黄丽梅
责任校对：张亚楠　张　征　　　责任印制：邓　博
盛通（廊坊）出版物印刷有限公司印刷

2023年5月第1版·第1次印刷
180mm×180mm·11印张·2插页·206千字
标准书号：ISBN 978-7-111-72237-3
定价：69.00元

电话服务　　　　　　　　　　网络服务
客服电话：010-88361066　　机 工 官 网：www.cmpbook.com
　　　　　010-88379833　　机 工 官 博：weibo.com/cmp1952
　　　　　010-68326294　　金 书 网：www.golden-book.com
封底无防伪标均为盗版　　机工教育服务网：www.cmpedu.com

前　言

人工智能、深度学习、云计算、金融科技等与信息技术（IT）相关的术语源源不断地在世界舞台上登场亮相。虽然术语与日俱增，但如果要问起这些术语都是什么意思，它们相互之间又有什么关系，我想应该有不少人说不清楚吧。

从个人信息到金融交易，在生活与信息技术联系得越来越紧密的过程中，我们已经进入了一个对于那些知识不可以用"不知道""不明白"就能敷衍过去的时代。特别是现在有些公司采用了远程办公，对于在这类公司里工作的人员，如果不懂 Wi-Fi 或互联网，恐怕很难在家里搭建一个便于工作的环境。

本书的宗旨正是为了帮助对诸如此类的问题感到困惑的人们，通过插图的形式帮助大家理解相关的知识，从 0 开始了解它们。同时，也正因为基于这样的初心，所以在说明过程中

省略了太过专业的论述，尽可能以通俗易懂的语言和方式让大家对 IT 知识有个初步的理解。

本书适合以下人群阅读：

- 时常听到或看到与信息技术相关术语却感到难以理解的人
- 想学习信息技术相关基础知识的人
- 需要远程办公，迫切想要学习信息技术相关知识的人
- 想大致了解信息技术相关知识的人
- 想和自己的孩子一起学习学校设置的编程课程的人

信息技术绝不是常人难以理解的事物。希望通过阅读本书，能有更多人和信息技术成为朋友，让生活变得更加丰富多彩。

三津田治夫

本书使用方法

☑ 请随意翻阅，从喜欢的章节开始阅读。

☑ 不一定非得先阅读文字部分，也可以只浏览插图。

☑ 浏览过标题、说明文字和插图之后再阅读相关术语的具体含义能加深对相关知识的理解。

☑ 有时间的时候反复阅读，会自然而然地记住这些知识。

❶ 标题这里是 100 个经过精心挑选的信息技术相关术语。

❷ 阅读这里的说明文字能大概了解相关术语的意思。

❸ 读过①、②后浏览插图，对相关术语的印象更直观。

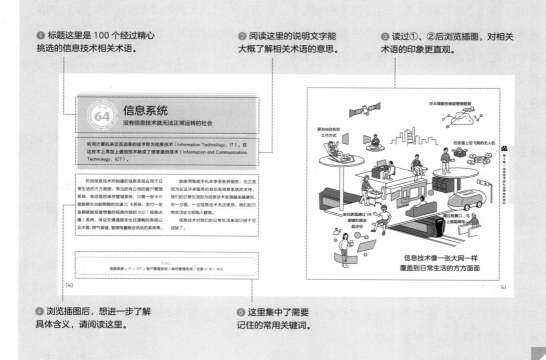

❹ 浏览插图后，想进一步了解具体含义，请阅读这里。

❺ 这里集中了需要记住的常用关键词。

目　录

第 3 章 | 信息技术给社会带来的变化

第 4 章 ｜ 信息技术与人工智能

第 5 章 ｜ 信息技术与金融

第 6 章 ｜ 信息技术改变未来

作者简介

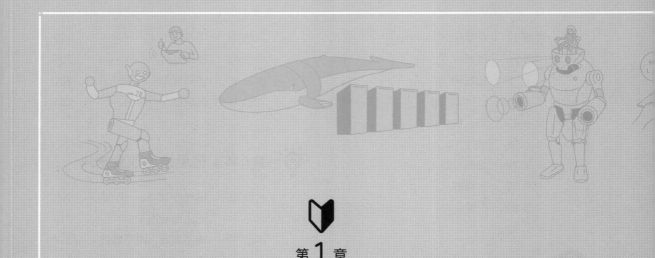

第1章

初步了解信息技术

智能手机、平板电脑、个人电脑、互联网、
Wi-Fi 等大量与信息技术相关的产品丰富了我们的日常生活，
为我们提供了便利。
只要能正确巧妙地应用信息技术和数字技术，
它们就会成为我们的好帮手。
本章为了让大家对这些技术有个初步的了解，
会以身边常见的事物为例来介绍。

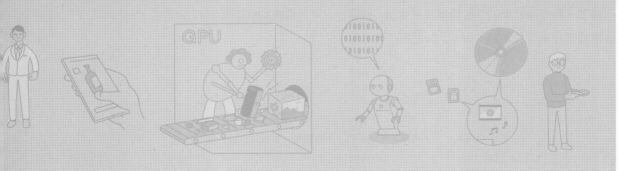

计算机

无论个人电脑还是智能手机都属于计算机

计算机有很多种类，它们的用途和形态各不相同。一般说起计算机，马上就会让人想到个人电脑。而由电话机进化而来的智能手机也属于计算机的一种，它具有方便携带的优点。

计算机以个人电脑的形态在大众中得到了普及。个人电脑的优点在于能在同一屏幕上启动数个软件并同时进行操作，而且作为计算机的一种，它的运行一直比较稳定。

相对于适合在固定场所使用的个人电脑，在电话机上搭载了计算机系统的智能手机进化成了一种便携式电脑。尽管屏幕尺寸小，但它搭载了全球定位系统（GPS）以及各类传感器等诸多元器件，能在很多方面发挥它的用处。另外，屏幕放大了的智能手机，就是平板电脑（平板型终端设备），它的优点是屏幕更容易看得清楚。计算机除了个人电脑和智能手机，还有超级计算机、游戏机以及内置在家用电器里的计算机等多个种类。这些计算机应对不同的需求，各自发挥自己的专长。

关键词

计算机 / 个人电脑 / 智能手机 / 平板电脑 / 超级计算机 / 游戏机

根据不同的使用目的，选择不一样的计算机

体积大、能一口气处理海量信息的计算机

体积小、灵巧轻便的计算机

智能手机

因高性能而畅销的计算机

自从 2007 年首部苹果手机（iPhone）问世以来，智能手机如雨后春笋般在世界范围内得到了普及。手机、个人电脑、音乐播放器、视频播放器、游戏机、数码相机、数码录音机等众多电子产品的功能只需一部智能手机就全部可以实现。

智能手机的显示屏采用了触摸屏（触控面板），只需手指直接在屏幕上点击或滑动就能进行操作。在像薄板一样的手机外壳内部，除了安装有高性能的中央处理器（CPU）和存储芯片，还安装了照相机、麦克风、扬声器、信号接收器以及各种传感器、移动通信和 Wi-Fi、蓝牙等网络连接模块。通过安装应用程序就能发挥这些元器件的功能。由于有无数适用于各种使用目的的应用程序，所以无论是公事还是私事，智能手机都能在各种场合大显身手。

智能手机里需要安装专用的操作系统。操作系统大体分为 iOS 和 Android 两类。iOS 是由苹果公司开发、制造和销售的苹果手机专用的操作系统，苹果手机以外的手机基本上都使用 Android 操作系统。

关键词

智能手机 / 手机 / 个人电脑 / 音乐播放器 / 视频播放器 / 游戏机 / 数码相机 / 数码录音机

第一代苹果手机
（2007 年）

我开发了一台集合了各种工具的机器！

史蒂夫·乔布斯

不断研发出各种各样的智能手机

術語

3

硬件、软件

驱动计算机的组合

计算机由作为物理部件的硬件和驱动这些硬件的软件构成。两者缺其一，计算机都无法使用，哪怕硬件或者软件的性能再好也无法正常运行。唯有两者相互配合才能发挥出计算机的能力。

所谓计算机硬件（简称为硬件），是指CPU、存储器、硬盘驱动器（HDD）等元器件，鼠标和键盘一类的输入设备，打印机等输出设备，所有这些构成计算机的物质元器件、线路、部件和设备。

与之相对，计算机程序或使计算机硬件工作的指令集则统称为计算机软件（简称为软件）。软件没有形状，眼睛无法直接看见。软件里包括操作系统、应用程序等。

以凭借自我意志可以控制身体动作的人类为例，身体就相当于硬件，意志、思维和知识则相当于软件。计算机也是如此，如果有硬件没有软件的话就会什么都做不了，只有把软件加载到硬件里，计算机才能根据不同的目的来运行。

关键词

计算机硬件／计算机软件／CPU／存储器／硬盘驱动器／鼠标／键盘／打印机／操作系统

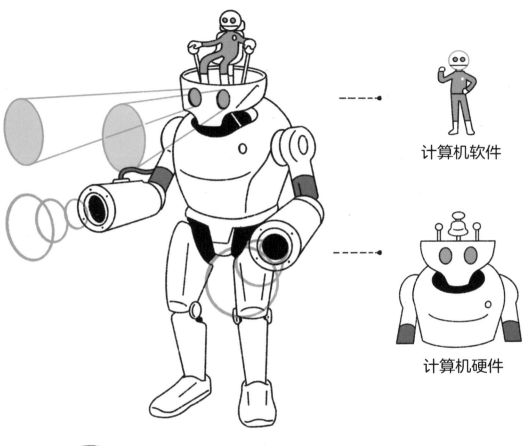

计算机软件

计算机硬件

也有像计算器那样拥有最低限度功能的
硬件和软件的组合

输入设备

用来输入信息的设备

想要给计算机下达命令，人类必须给计算机输入指令。人类给计算机输入数据和命令的各种设备叫作输入设备。

计算机的普及是从台式计算机开始的，台式计算机上都连接着作为输入设备的键盘和鼠标。

键盘是包含字母键、数字键和控制键的输入设备。鼠标是一种屏幕位置输入设备。

智能手机或者平板电脑是直接点击显示屏就能进行输入。这种显示屏叫作触摸屏。

要给计算机输入声音可以使用麦克风。要给计算机输入影像可以使用数码相机或扫描仪。数码相机或扫描仪能把照片等的模拟数据转换成计算机可以处理的数字数据。

游戏机的控制器、便利店结账处使用的条码扫描器以及 IC 卡读卡器等也都属于一种输入设备。

关键词

输入设备 / 输入 / 键盘 / 鼠标 / 触摸屏 / 麦克风 / 数码相机 / 扫描仪

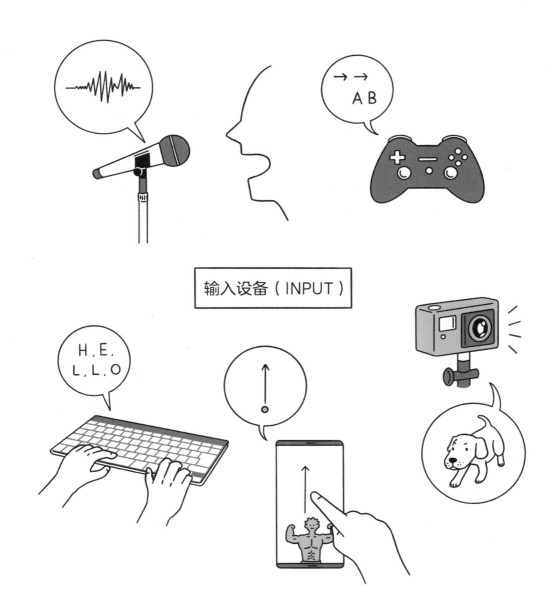

输入设备（INPUT）

输出设备

用来输出信息的设备

把计算机运行状态或执行命令的结果输出的设备叫作输出设备。计算机自身是把结果以数字信号形式输出的。为了把这种输出表示成人类可以理解使用的形式，就需要各种输出设备。

在使用计算机时，作为视觉输出设备的是显示器，有时也直接称它为屏幕。它用来显示操作界面或命令执行的状态以及结果等。在智能手机等移动终端设备上采用输入设备同输出设备一体化了的触摸屏。

扬声器是发出声音的输出设备，打印机是把内容打印到纸上的输出设备。现在，能够输出立体物体的 3D 打印机也开始普及了。

头戴式显示器是用于输出计算机所创造出的虚拟现实（VR）的设备。在工厂等地通过计算机控制来驱动的工业机器人也可以说是一种输出设备。

此外，使用 HDMI 缆线可以把电视机作为输出设备来使用。电子游戏机就是将电视机用作输出设备。

关键词
输出设备 / 输出 / 显示器 / 屏幕 / 扬声器 / 打印机 / 头戴式显示器

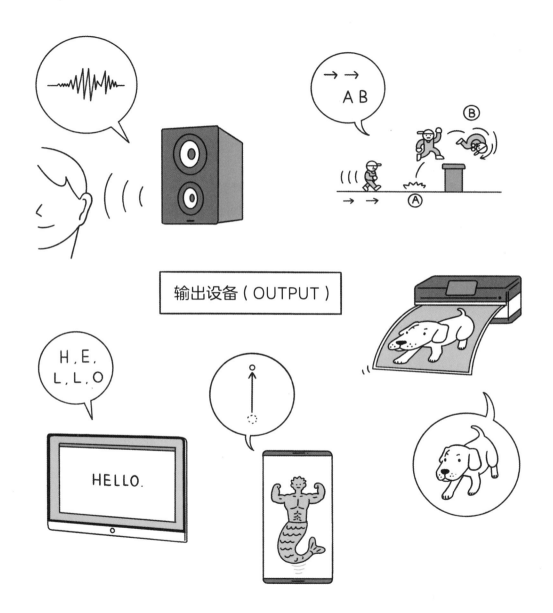

输出设备（OUTPUT）

术语
6

CPU、GPU
处理大量指令、能力超群的硬件

中央处理器（CPU）是由控制器和运算器组成的计算机核心部分，擅长连续不断地处理极其复杂的运算。图形处理器（GPU）是一种加速三维和二维图形绘制的专用微处理器，尽管它不像 CPU 那么多样化，但能同时进行大量运算工作。

无论是 CPU（Central Processing Unit）还是 GPU（Graphic Processing Unit），都是计算机里承担运算任务的硬件。CPU 是计算机的执行单元，负责根据指令执行复杂运算以及控制周边的输入设备、输出设备和存储设备。

GPU 则负责图形运算，是专门对图形数据进行处理的硬件，它能够高速描绘出精细的图形，具有专注于特定数据处理的内部结构。在讲究画面绚丽多彩、人物动作流畅的电子游戏里，GPU 的性能越好，玩家在游戏里的表现就越出色。

最近还出现了把 GPU 能够高速进行特定数据处理的特性用于深度学习的情况。这种可执行通用运算任务的 GPU 叫作通用图形处理器（General purpose graphic processing unit，GPGPU）。

关键词
CPU / GPU / 电子游戏 / 深度学习 / GPGPU

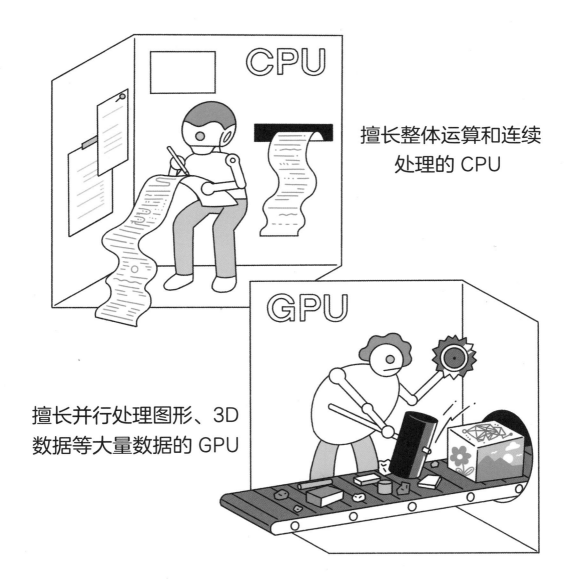

擅长整体运算和连续
处理的 CPU

擅长并行处理图形、3D
数据等大量数据的 GPU

存储设备

保存信息的设备

计算机通过程序来运行，程序对数据进行处理。不论是程序还是数据，都属于数字信息，在计算机里需要一个地方来保存这些数字信息。保存、记录这些数字信息的设备就叫作存储设备。

计算机的存储设备分为辅助存储器和主存储器两种。辅助存储器是长期保存程序和数据的设备，比如个人电脑里内置的硬盘驱动器（HDD）就属于该类。主存储器是用于存放指令和数据，供中央处理器直接随机存取的存储器。主存储器主要采用容量大、读写速度快、抗振能力强的叫作 DRAM 的半导体存储器。

快闪存储器也是半导体存储器的一种，即使电源被切断，记录在它上面的内容也不会丢失。智能手机里的内存、固态硬盘驱动器、便于随身携带的 USB 存储器以及 SD 卡等都采用快闪存储器。而 USB 存储器或 SD 卡等也叫作记录媒介。此外，利用激光读写数据的 CD、DVD、蓝光光碟等光盘也属于一种记录媒介。

关键词

辅助存储器 / 主存储器 / 半导体存储器 / 快闪存储器 / USB 存储器 / SD 卡 / CD / DVD / 蓝光光碟

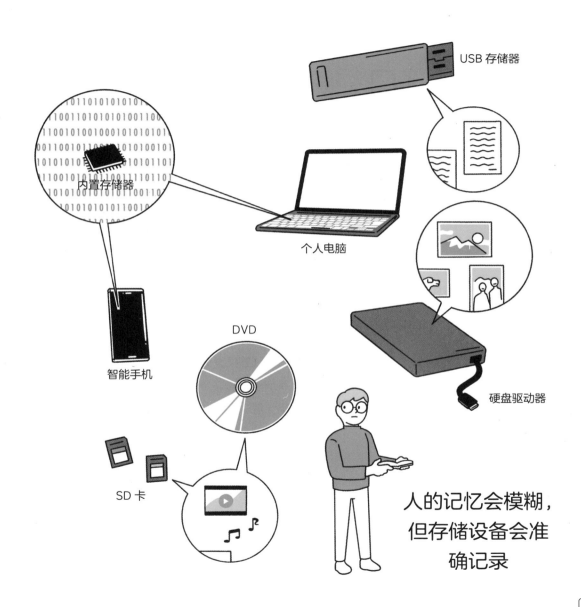

USB 存储器

内置存储器

个人电脑

智能手机

DVD

硬盘驱动器

SD 卡

人的记忆会模糊，但存储设备会准确记录

接口

用来连接不同种类的事物

接口的英文是 interface，这个词也有"界面""接合点"的意思，所以从字面上可以理解为物与物、人与物之间连接的部分。连接计算机主机和其他设备的接口有很多种类型，它们的标准和规格都各不相同。

要把个人电脑和打印机等连接起来，会使用到 USB 或 LAN 电缆以及借助无线电波进行传输的蓝牙技术、Wi-Fi 等众多接口方式，这些接口必须是相互连接着的双方都能够识别使用的。

硬件设备之间的接口属于硬件接口，网络设备的各种接口称为网络接口。

另外，人和计算机之间的接口叫作人机界面，比如键盘、鼠标、显示器、触摸屏等。人在操作计算机时，是边看着屏幕边使用键盘、鼠标或触摸屏进行输入。因此屏幕上所显示的系统和用户之间进行交互和信息交换的媒介就称作用户界面。

关键词

硬件接口 / 网络接口 / 人机界面 / 用户界面

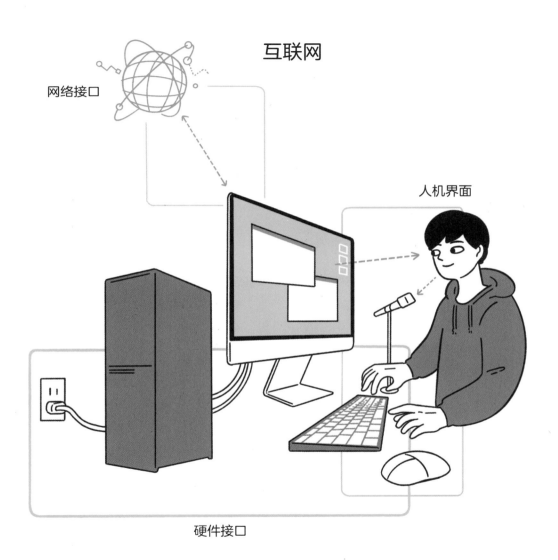

互联网

网络接口

人机界面

硬件接口

术语
9

操作系统

计算机有了基本的软件才更容易使用

如果只有文字编辑用的软件或者图像编辑用的软件等应用程序，计算机是无法运行的。
为了使计算机硬件的能力更有效地发挥，必须先使用最基础的软件——操作系统。

要运行应用程序，必须向硬件下达指令，比如让它把程序移动到存储器（主存储器）或者让 CPU 进行运算等。

多个应用程序同时运行时，为使各个应用程序更有效地调用存储器或 CPU，需要对应用程序进行管理。操作系统正是负责应用程序与计算机之间的协调管理工作的。操作系统也称为 OS，是英文 Operating System 的简称，属于基础软件。

操作系统有多个种类，种类不同功能也不同。面向普通用户所使用的个人电脑的操作系统中，最有名的是 Windows 操作系统和 Mac 操作系统。而开源代码的 Linux 操作系统则大多用于网络服务器。智能手机的操作系统，最有名的是 iOS 和安卓（Android）操作系统。

关键词

操作系统 / Windows 操作系统 / Mac 操作系统 / 开源代码 / Linux / 网络服务器 / iOS / 安卓

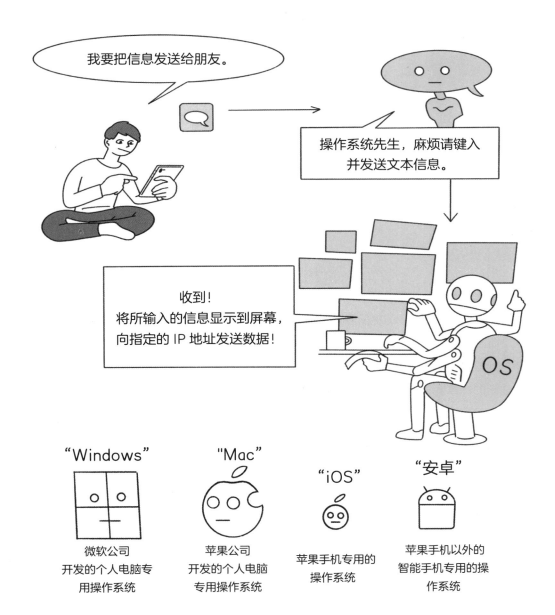

开源代码

集合众人的力量开发而成的软件

一般情况下，市场上贩卖的软件不会公开源代码。而开源代码的软件是公开源代码的。使用者可以免费使用或对程序进行更改后重新发布，是一种"用户们一起开发、自由使用"的软件。

作为商品贩卖的软件，是把程序员制作的源代码转换成计算机能够识别的机器语言后，再投入到市场上的。

所谓机器语言，是指仅使用 0 和 1 的二进制代码来表示的计算机语言，人类解读起来相对困难。作为程序前身的源代码，不公开它的原因是基于保护软件开发所产生的权利以及安全性的考虑。

而与之相对的开源代码软件，则是基于使软件开发的质量能更上一层楼，并同时可以提升软件本身的易用性的考虑，它可以让更多人参与到开发过程中来。关于开源代码软件，美国一个叫作 OSI（Open Source Initiative）的组织对其下了定义。他们规定无论个人使用还是商用，都能对程序进行更改或重新发布等是成为开源代码的必要条件。

关键词

开源代码／源代码／程序员／机器语言／ OSI

把新机器人的设计图作为开源代码公开！

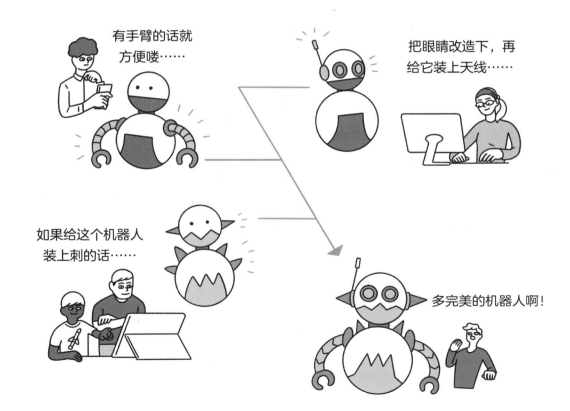

软件许可协议

软件必须得到许可后才能使用

把软件买回家后，软件本身并不会变成个人的私人物品。根本上来说，我们买到手的软件只代表和软件开发商之间缔结了许可协议，获得了在协议规定范围内对软件进行使用的许可。

就像小说、绘画、音乐和电影等作品受到著作权法保护一样，构成软件的程序在著作权法中也属于作品，是受保护对象。

要使用受著作权法保护的作品，必须有创作者的许可，软件也不例外。软件许可协议也叫作软件许可证，用户和作为创作者的软件开发商缔结了许可协议才能使用软件。

软件许可协议规定了该软件能安装计算机的台数、使用目的、使用期限等。用户可以在规定范围内使用软件，超出软件许可协议范围的使用就会侵害著作权。擅自复制转让软件或者贩卖该软件的复制品等行为，都属于侵害著作权的行为。

关键词

软件开发商 / 许可协议 / 著作权法 / 侵害著作权

绘图软件

所有者

（开发者）

软件许可协议

禁止擅自复制使用
或贩卖！

软件更新

维护对于软件来说是必不可少的

软件在发布或发售后也会进行修复或改进，以消除错误。修复已经安装了的软件里的错误或者追加一些小功能，使软件更换到最新状态叫作软件更新。

进行软件更新是为了消除新发现的错误，或者追加新功能以使软件的性能得到提升。此外也有很多时候是为了强化软件的安全性，因为如果不进行这类更新的话，错误就有可能被人恶意利用，使计算机感染上有害程序。

当对软件进行大幅度的新功能追加或操作界面的更新，从而使它成为一款新开发的软件时，新软件会完全替换掉原来已经安装的旧软件。这样的操作叫作版本更新或软件升级。

开发商为区分修复或改进前后的软件之间的差异，使用叫作版本号的号码来对软件的版本进行管理。Windows 10或iOS 13里的"10"或"13"就是版本号。版本更新时，版本号会变化，比如从12变成13，而普通软件更新，版本号只会像从13.1.1变成13.1.2这样变化。

关键词

软件更新／安全性／有害程序／版本更新／软件升级

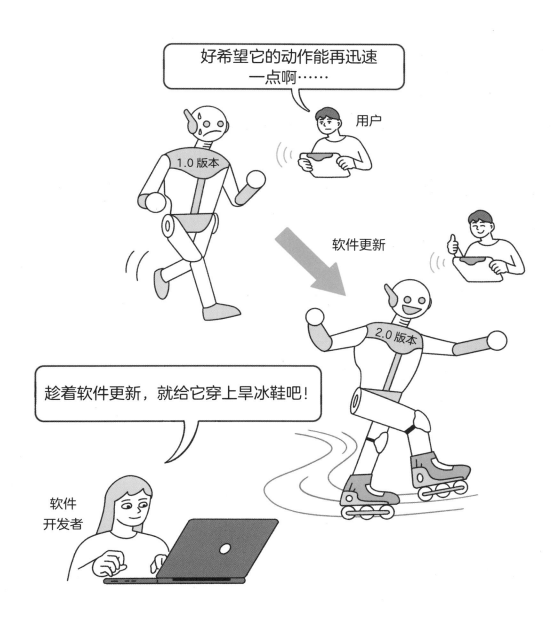

晶体管

具有开关功能的电子元件

计算机的主要部分是由叫作晶体管的小型电子元器件组成的。晶体管属于半导体元器件，能够放大微弱的电信号，在电子电路中扮演着高速切换开关的角色。

包括计算机在内的电子设备都必须靠电力来驱动。晶体管是控制电流的元器件，应用在各种电子设备中。最常见的晶体管是有三个脚（单线的电线）、长约数毫米的圆筒状晶体管。把许多晶体管集成在一小块半导体晶片上，就形成了集成电路（IC）。

晶体管主要的功能是放大和开关。比如收音机收到的信号很微弱，通过晶体管放大信号（把信号强度增大）后，扬声器里就能播放出响亮的声音了。

此外，借助晶体管的开关功能，可以表示出计算机所使用的二进制代码 0 和 1 这两种状态。它能以开关处于"开"（电流流动）来表示二进制代码里的 1，开关处于"关"（电流不流动）来表示二进制代码里的 0，并进行切换。

关键词

晶体管／半导体／电信号／放大功能／开关功能／电子设备／集成电路／二进制

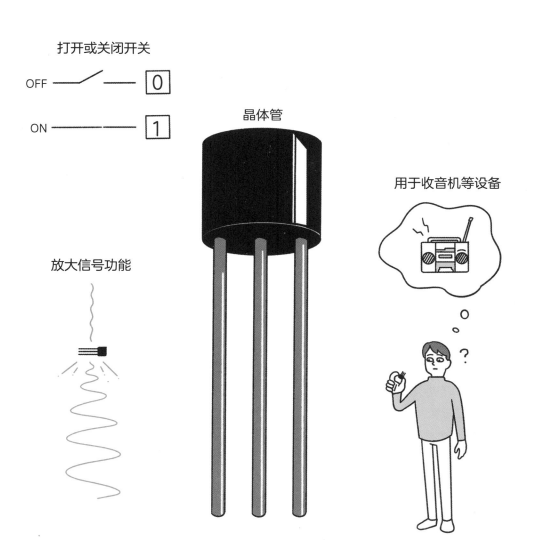

打开或关闭开关

OFF 0

ON 1

晶体管

用于收音机等设备

放大信号功能

晶体管在计算机里起着核心作用

集成电路

尽可能封装足够多晶体管的部件

集成电路（Integrated Circuit，IC）是利用微电子工艺在一个半导体晶片上集成多个电子元器件及其互连线，以执行特定功能的电路。计算机中进行运算和控制的 CPU、负责记录的存储器（主存储设备）本质上都是集成电路。

集成电路的主要组成部分是晶体管等具有一定功能的元器件（构成电子电路的主要元器件）。晶体管在电子电路中起开关的作用。计算机的心脏——CPU 凭借着大量开关的协同工作来进行超高速的运算。如今包括计算机在内的几乎所有电子设备中都使用集成电路。

1965 年，业界发表了一则预言，该预言称集成电路上所能容纳的晶体管数量每 18 个月会增加一倍（摩尔定律）。一个集成电路中包括的晶体管等元件的数量叫作集成度，随着科技的进步，集成度正变得越来越高，而集成电路的体积变得越来越小，耗电越来越少，处理速度却越来越快。高集成度的集成电路称为大规模集成电路（Large Scale Integration，LSI）和超大规模集成电路（Very LSI，VLSI）。现在，一个集成电路中能集成超过 10 亿个晶体管。

关键词

集成电路 / 半导体 / 晶体管 / 摩尔定律 / 集成度 / LSI / VLSI

大量晶体管集成在半导体晶片上

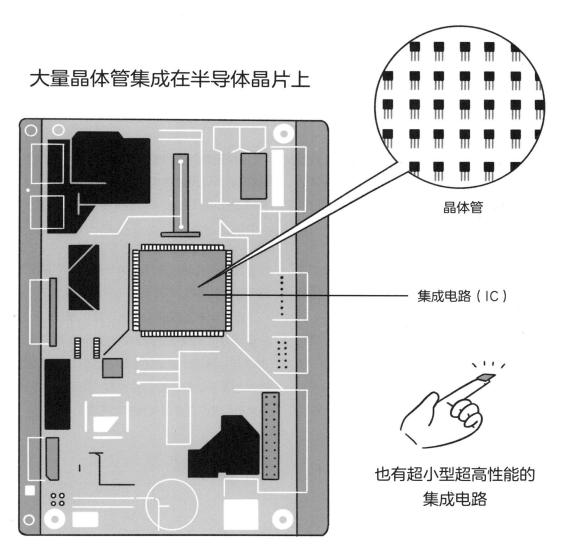

晶体管

集成电路（IC）

也有超小型超高性能的
集成电路

超级计算机

计算机会发展到什么程度呢?

普通计算机虽然擅长运算,但要进行更复杂的大规模运算就必须得有更高性能的计算机。于是超级计算机便问世了。如果把个人电脑的运算速度比作蜗牛爬的速度,那么超级计算机的运算速度就能和喷气式飞机的飞行速度相提并论。

在以气象预测、新药开发、大规模模拟试验以及大数据分析等科学技术研究为中心的领域里,高性能、大规模的计算机不可或缺。超级计算机是凭借众多处理能力超强的 CPU 并行运算来实现它的高性能的。它的原理是把一个 CPU 得花惊人的时间才能处理的大问题细分后,由数万个 CPU 同时来处理。2020 年 6 月,获得超级计算机性能世界排名第一的日本"富岳"超级计算机拥有 15 万个 CPU。

近几年来,有别于传统计算机原理的、基于量子力学的量子计算机正在被研究和开发。2019 年,美国一家公司宣称,他们处于研发过程中的量子计算机在几分钟内,就解开了超级计算机需要 1 万年才能解开的问题。

关键词

超级计算机 / 大规模模拟试验 / 大数据分析 / 量子力学 / 量子计算机

计算机性能越佳，越能高速处理大量的运算

普通计算机　　　　超级计算机　　　　量子计算机

互联网

连接全球的巨型通信网络

将具有通信功能的计算机等设备相互连接并进行通信，就形成了通信网络，或者也可以简单地叫作网络。这样的网络再一个个地相互连接，扩大到全球规模，就成为任何人都可以使用的互联网。

网络的形态和规模各式各样。小规模的网络，比如在公司或学校等有限范围内使用的网络，叫作局域网（Local Area Network，LAN）。在一个家庭内部，个人电脑、打印机以及智能手机等相互之间连接的网络就是局域网。局域网分为使用缆线连接的有线局域网和利用无线电波连接的无线局域网（Wi-Fi）。

此外，像公司总部的局域网和分公司的局域网这样位于不同地区的局域网（或不同地区的城域网）之间互联，就形成了范围更广阔的网络。相对于局域网（或不同地区的城域网），这样的网络称为广域网（Wide Area Network，WAN）。

连接世界上无数局域网（或不同地区的城域网）和广域网的巨型网络就是互联网。连上了互联网，就能与位于自身所处的局域网或广域网之外的计算机进行通信。

关键词

通信网络 / 网络 / 互联网 / 局域网 / 有线局域网 / 无线局域网 / 广域网

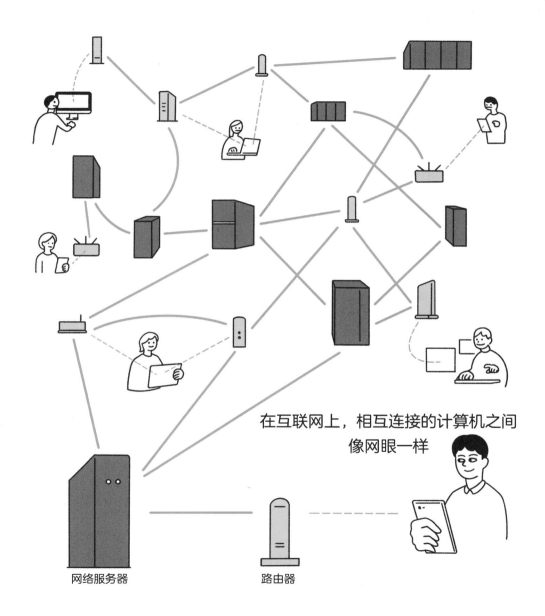

在互联网上，相互连接的计算机之间
像网眼一样

网络服务器　　　　　　路由器

术语
17

路由器

无论是个人电脑还是智能手机，都能同时连接网络

在家里等地方，要让个人电脑、智能手机等数个终端设备同时连上互联网，必须得有路由器。路由器是一种使网络之间相互连接的设备。它利用有线局域网或无线局域网（Wi-Fi）来连接终端设备。

在申请办理了光纤等互联网连接的服务后，首先必须安装线路终端设备才能开始使用。计算机所使用的数字信号和光纤等电缆里通过的信号并不一样，线路终端设备会帮我们进行转换。虽然把个人电脑等终端设备直接连接到线路终端设备也能上网，但如果需要上网的终端设备不止一台，而是想要多台终端设备同时上网，就必须得有路由器这种设备。

路由器是一种在网络之间转发数据的设备。普通家庭使用的路由器，可以把家里的局域网和互联网服务提供商的网络连接到一起并转发数据。

一般家庭所使用的路由器也有很多具备无线局域网的功能，并且和线路终端设备一体化了。

关键词
路由器 / 无线局域网 / 线路终端设备 / 数字信号 / 光纤 / 局域网 / 网络 / 互联网服务提供商

路由器是一种在网络之间
转发数据的设备

互联网

广域网

局域网

WAN

LAN

Wi-Fi

一种利用无线电波进行通信的方式

无线通信的方式多种多样，无线局域网是其中之一。作为无线局域网的国际标准，IEEE 802.11 系列标准被广泛使用。

无线局域网是采用无线电波作为介质来传送数据的局域网。Wi-Fi 是由推广普及无线局域网的国际业界组织 Wi-Fi 联盟（Wi-Fi Alliance）注册命名的，个人电脑或智能手机等无线局域网终端设备在通过 IEEE 802.11 标准的认证后，就能使用 Wi-Fi 的名称以及它的商标。现在，在多数情况下，Wi-Fi 和无线局域网指的是同样的意思。

无线局域网里作为子机的无线局域网终端设备连接着作为主机的接入点（设备）进行通信。各个接入点都有自己固定的服务区别号（ESSID），无线局域网终端设备在连接一个接入点的时候，需要设定与接入点相同的服务区别号。由于无线电波很容易被监听，因此为确保通信内容的隐秘性，通常会采用 WPA2 等方式的加密措施。使用这种采取了加密措施的无线局域网，在设定服务区别号的同时，还需要设置密码。

关键词

无线局域网 / IEEE 802.11 系列标准 / Wi-Fi / 接入点 / ESSID / WPA2

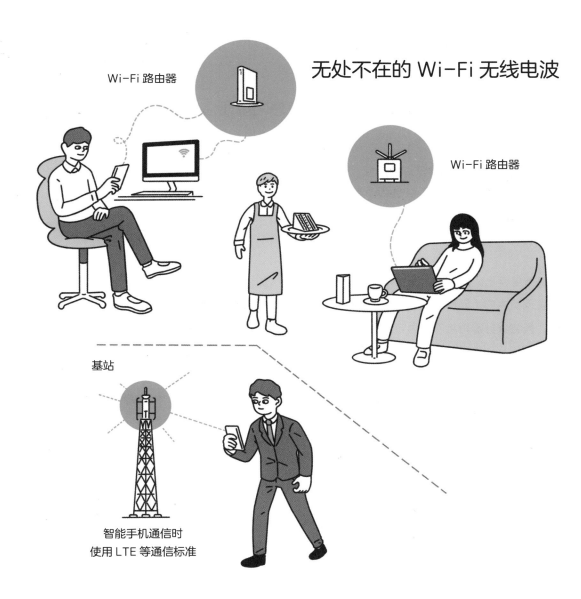

Wi-Fi 路由器

无处不在的 Wi-Fi 无线电波

Wi-Fi 路由器

基站

智能手机通信时
使用 LTE 等通信标准

术语
19

网页

在网络世界里查看信息的单元

互联网上发布着各种各样的信息，它们是以叫作网页的单元来提供的。网页是万维网（World Wide Web，WWW）中可以访问的文档。网页由网络服务器提供，使用网页浏览器来显示。

在万维网上，网页浏览器向网络服务器发送浏览网页内容（网页上提供的信息内容）的请求，网络服务器再将网页内容发送过来。网页之间使用超链接相互关联，因此能够从浏览中的网页直接跳转到不同的网页。万维网正是由于这些超链接像蜘蛛网一样广布世界各地而得名。

如今的互联网可以提供各种各样的服务，通过网页就能使用它们。服务操作界面以网页的形式来显示，对它进行操作后，相关信息就会发送到网络服务器，网络服务器凭借各种应用程序对相关信息进行处理后再把结果发送过来。这种基于万维网技术所使用的应用程序叫作网络应用程序。

关键词
网页 / 万维网 / 网页浏览器 / 网络服务器 / 网页内容 / 网络应用程序

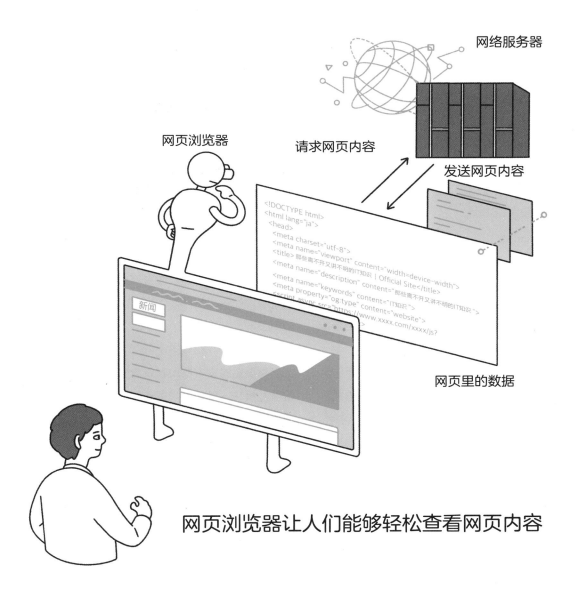

网络服务器

网页浏览器

请求网页内容

发送网页内容

```
<!DOCTYPE html>
<html lang="ja">
  <head>
    <meta charset="utf-8">
    <meta name="viewport" content="width=device-width">
    <title>那些离不开又讲不明的IT知识 | Official Site</title>
    <meta name="description" content="那些离不开又讲不明的IT知识">
    <meta name="keywords" content="IT知识">
    <meta property="og:type" content="website">
    <script async src="https://www.xxxx.com/xxxx/js?
```

新闻

网页里的数据

网页浏览器让人们能够轻松查看网页内容

HTML、CSS

想传达信息用 HTML，传达的样式用 CSS

网页上的超媒体文件，是使用叫作超文本标记语言（HTML）的语言来描述的。而为了更好地传达网页上的内容，就必须规划它们的外观和格式。为此，需要使用串联样式表（CSS）。

网页是使用超文本标记语言（Hyper Text Markup Language，HTML）和串联样式表（Cascading Style Sheets，CSS）来进行内容传达的。

具体来说，HTML 用来描述网页上要传达"什么"，而 CSS 用来描述以"什么样的样式"来传达。HTML 文本里的文字字体、颜色、字号、显示位置以及背景等和样式相关的设定都是通过 CSS 进行的。以前，文本的样式也由 HTML 来设定，后来，为了把样式和文本结构区分开，使用了设定显示样式的 CSS。

由于 HTML 和 CSS 分担了不同的工作，因此当需要更改文本布局时只需更改 CSS 里的设定就能解决。此外，根据不同的显示设备来更改显示格式（这叫作响应式布局），也可以通过 CSS 的设定来实现。

关键词
网页 / HTML / CSS / 文本布局 / 响应式布局

HTML

CSS

欢迎来到我的网站!

New

点击!

负责文本基本结构和文字信息

给文本添加颜色、附上图片或借助动画让网页更多姿多彩

URL

网页的位置在哪里?

上网的时候,需要在浏览器的地址栏里输入以 http 或 https 开头的字符串。这串字符是统一资源定位系统(Uniform Resource Locator,URL),是互联网上指定信息位置即确定网页位置的方法。

在网页浏览器中向作为网络服务器的计算机发送申请,可以获取 URL 所指定的网页数据。URL 里会表示获取网页的通信方式(URL scheme)和网页位置。

通常情况下,网页的通信方式会采用 http。而通信内容加密的情况下会采用 https。虽然 URL 的指定会因网页位置不同而不同,但一般来说都是以网络服务器名称、网络服务器内文件的位置为顺序来指定的。

比如,当指定 http://www.example.com/new/sample.html 这个 URL 时,它的意思就是在叫作 www.example.com 的网络服务器里存在一个叫作 new 的文件夹,请求获取该文件夹里一份叫作 sample.html 的文件里的信息。

关键词
URL / 网络 / 网页浏览器 / 地址栏 / http / https / 网络服务器 / 网页

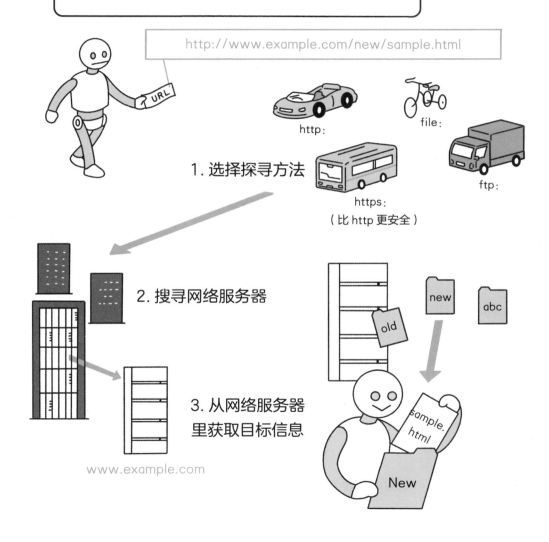

URL 里会显示想要获取网页的位置以及获取方法

http://www.example.com/new/sample.html

URL

http:

file:

https：
（比 http 更安全）

ftp:

1. 选择探寻方法

2. 搜寻网络服务器

3. 从网络服务器
里获取目标信息

www.example.com

new

abc

old

sample.html

New

術语
22

流媒体

在网络上播放多媒体的技术

所谓流媒体，是以流式传输技术在互联网或局域网播放多媒体内容的一种传输方式。和等待多媒体数据完整下载到本地后才能播放的方式不同，流媒体是一边慢慢接收一边播放，所以网络直播所采用的也是这种技术。

从提供文件的网络服务器上通过互联网获取数据被称为下载。以前在互联网上观看视频等时，必须先把文件完整下载到本地后才能播放。

后来开发出了流媒体，它是一种能够即时播放的传输方式。从网络服务器里按一定的频率发送少量的数据出来，用户这边可以马上播放这些数据。由于在观看用的终端设备上不必保存所播放的视频，因此对于提供方来说能够防止文件内容被二次利用。

除了流媒体，还有一种当文件数据下载到一定量时，就能进行播放的渐进式下载方式，也常被采用。

关键词

流媒体 / 多媒体 / 网络直播 / 下载 / 渐进式下载

流媒体

数据像河水一样不断地流过来
的多媒体播放技术

流过来的水量（信息量）越多
观看就越流畅

下载

只要保存到本地，
任何时候都能观看

UI、UX

看得见摸得着的属于 UI，感觉得到的属于 UX

用户界面（UI）是指系统（产品或服务）与用户之间进行交互和信息交换的媒介。它是用户眼睛能看见或者手能摸得到的部分。用户体验（UX）是指用户使用产品或服务之后所获得的感受和体会。

对于计算机而言，键盘、鼠标、触摸屏等都属于 UI 的范畴。让用户更容易使用的网站设计也属于 UI 的一种。

在硬件（产品）或软件（服务）方面，用户的眼睛能看到的部分，手能触摸到的部分都属于 UI。用户看了之后非常容易明白，操作起来也非常简单，就意味着 UI 设计非常优秀。

而UX是指用户的感受和体会，用户通过使用产品或服务而获得的印象是会直接影响对该产品或服务的评价的。UI设计的好坏关系到易用性，而使用方便UX就好，使用不方便UX就差。总之对于提高UX来说，如何进行好的UI设计是非常关键的。

关键词

UI / UX / 用户 / 键盘 / 鼠标 / 触摸屏 / 网站 / 设计

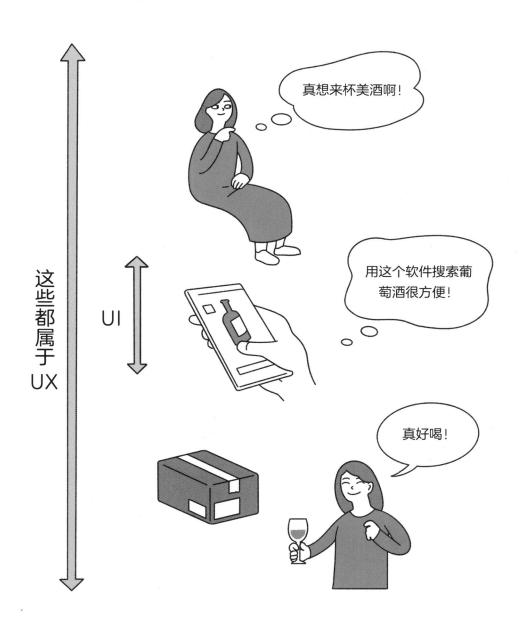

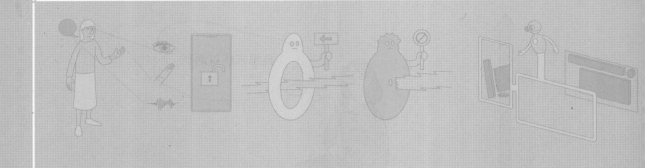

第 2 章

突破信息技术表层

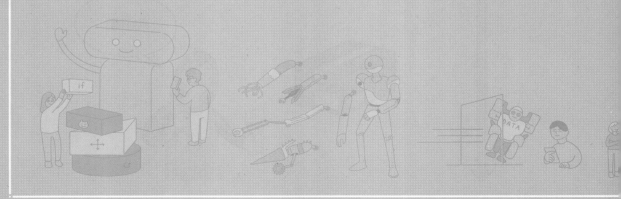

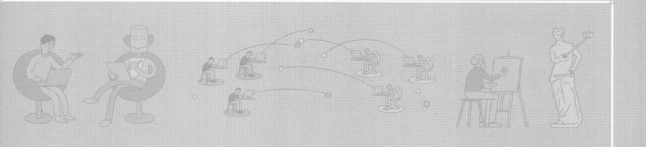

在"用手机看视频"这一行为的背后隐藏着云计算、

编程、IP 地址、数据压缩等众多技术。

此外，便利的科技也与危险毗邻，因此还有加密等与安全性相关的技术。

本章突破信息技术表层去介绍其背后的各种技术。

服务器、客户端

提供服务方和使用服务方

在计算机和互联网的世界里，各种不同的功能，都是以服务的形式提供给客户的。服务提供商的计算机称为服务器。与服务器相对应，为客户提供本地服务的程序称为客户端。

从网络系统到多数信息系统，服务器和客户端都是分工运行的。比如在网络系统中，客户端就是网页浏览器，而服务器就是网络服务器。其工作机制是由网页浏览器向网络服务器请求信息内容，网络服务器提供相关内容。除了浏览网页，借助互联网还能使用各种服务，在互联网的某处存在着提供服务的服务器，客户端使用智能手机或电脑等向对应的服务器发送使用服务的请求就可以。

类似以上这种服务器和客户端分工明确地运行处理的系统叫作客户－服务器模式。而不存在像服务器和客户端这样明确的分工，数台计算机以相互对等的关系进行交流、运行的系统叫作点对点模式（P2P）。

关键词

服务器 / 客户端 / 网络系统 / 网页浏览器 / 网络服务器 / 客户－服务器模式 / P2P

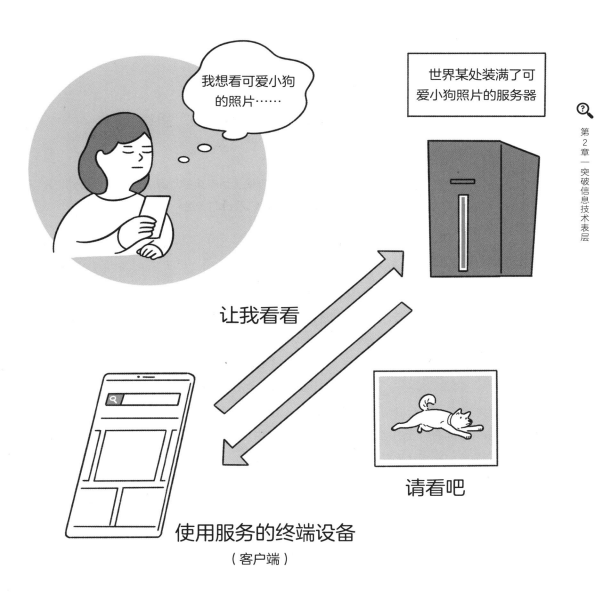

术语
25

云计算

虽然不知道具体在哪里，但"云"里肯定有

所谓云计算，是指以互联网为中心，在网站上提供快速且安全的计算服务和数据存储。之所以称它为"云"，是因为用图形来表示计算机系统时，会把它所交织而成的网络用云的形状来表示。

诸如云盘（iCloud）这样的线上储存空间和电子邮件等，都是采用了云计算来实现的网络服务。使用者看上去似乎是在操作手里的智能手机，但实际上是在操作存在于互联网上的数据或软件。

云计算也被用于提供互联网上的服务。服务提供商本身并不拥有必要的相关资源（硬件或软件），而是经由网络，从提供这些资源的云服务提供商那里购入使用权来进行使用。云服务提供商拥有数据中心，可以保管和提供资源。因此服务提供商在自己的公司里，就不再需要支付为购置硬件或软件所产生的费用，也不必亲自对这些资源和设备进行维护。另一方面，由于任何人都能使用这些互联网上的资源，所以很容易受到别有用心的攻击，对于云服务提供商来说，加强其数据的安全性是非常必要的。

关键词

云计算／线上储存空间／云服务提供商／数据中心

"缺点"

不在自己手上的这部分数据，
有遭受外部攻击的风险

万一自己手里的终端设备损坏了，只要数据在云盘上
保存着，就能复原

虚拟化技术

把有限的资源更有效地利用

虚拟化是指把现实中不存在的"事物"用软件制造出来。凭借着虚拟化技术，能使物理上仅有一台的硬件看起来好像有很多台。而很多台硬件也能通过虚拟化技术整合，使它们看起来像是只有一台。

对于包括云计算在内的计算机应用来说，CPU、存储器、操作系统、内存、服务器等各种资源都是不可缺少的。虚拟化技术能把这些有限的资源更有效地利用。

在云计算中，借助虚拟化技术能以物理上的一台服务器为基础，制造出很多台虚拟计算机（虚拟机）。有了这项技术就能让好几个用户共同使用一台服务器。因为制作了虚拟服务器，所以称为服务器虚拟化。

另外，根据虚拟化对象的不同，有很多种虚拟化，比如桌面虚拟化、应用程序虚拟化等。桌面虚拟化和应用程序虚拟化，是在服务器端管理实际的桌面和应用程序，并根据客户端的使用环境来提供适合客户的桌面或应用程序。

关键词

虚拟化技术 / 服务器 / 虚拟机 / 服务器虚拟化 / 桌面虚拟化 / 应用程序虚拟化

虽然只有一台计算机，但我们各自的
使用目的都不同……

能根据不同的使用目的，把计算
机像分割开了一样来使用！

个人信息

确定"你是你"的重要信息

在如今的信息社会，大量的个人信息被收集，用于各种用途。由于个人信息的不当使用，信息泄露等事件频发，国内外为适当管理个人信息采取了越来越多的措施，欧盟（EU）所施行的《通用数据保护条例》（GDPR）就是其中之一。

在如今的信息社会，尤其宝贵的信息就是个人信息。许多网络平台都通过获取大量个人信息来获利。

尽管用户凭借提供个人信息能获得免费的服务、适合自己的商品或服务的介绍，但提交出去之后的个人信息会被如何管理，作为提供者本人是无法掌控的。个人信息一旦处理不当，很可能导致个人隐私受到侵犯。

在欧洲，为了严格规范个人信息的使用和处理，于 2018 年开始施行通用数据保护条例（General Data Protection Regulation, GDPR）。该条例明文规定了用户拥有管理自身信息的权利，同时严格限制了个人信息流向欧盟境外。违反条例的企业会被处以高额（最高可达其全球年销售额的 4%）罚金。

关键词
个人信息 / GDPR / EU / 个人隐私 / 网络平台

术语
28

生物认证

利用身体信息提高安全性

就像收集犯罪证据要采集指纹，在登录有些计算机、系统或服务程序时，会利用使用者的指纹等进行安全认证，因为指纹是人体固有的生理特征之一。这类把人体固有的身体信息用于认证的方法就叫作生物认证。

在打开一台计算机、进入一个系统或服务程序时必须经过认证。虽然多数情况是以账号和密码的组合作为认证信息，但采用无须密码认证的方法也越来越多。生物认证就是其中之一。

生物认证需要使用指纹、手指和手掌静脉图像、瞳孔虹膜或视网膜等生物信息。此外也有使用步态、眨眼之类的身体动作以及笔迹和声纹等信息的。

密码在正常情况下，是唯有使用者本人才知道的信息，而生物认证信息是只有使用者本人才具有的信息。

生物认证是在注册时把相关生物信息录入计算机或应用系统的认证系统里，登录时只需使用这些信息进行比对，正确无误就能获得登录许可。在日常生活中，生物认证被用于登录智能手机或个人电脑，或者用于银行的 ATM 机以及出入境管理。

关键词

认证／生物认证／生物信息／指纹／手掌静脉图像／虹膜／视网膜／认证系统

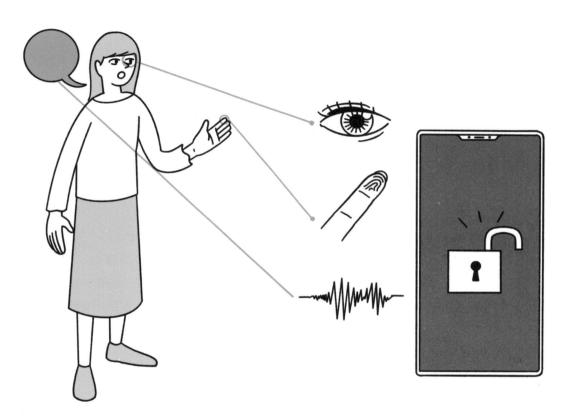

借助唯有使用者本人才具有的信息
来提升安全性

GPS

确定当前所在位置

全球定位系统（Global Positioning System, GPS）是一种通过人造卫星来定位当前所在位置的系统。该系统由美国运营，使用 GPS 接收器接收 GPS 的专用卫星所发出的信号并计算出当前位置的经纬度等信息。

GPS 原本是美国出于军事目的而开发的，共发射了约 30 颗 GPS 卫星，在距离地面 2 万千米的轨道上运行着。GPS 接收器从其中数颗位于上空的卫星那里，接收指示卫星位置的 GPS 信号以确定当前位置。GPS 接收器通常搭载在智能手机或汽车导航系统和物联网智能硬件上。

使用地图类应用程序查询当前所在位置的周边信息，或到达目的地的路线和时间时，必须了解当前位置，就会用到 GPS。

除此以外，在玩口袋妖怪 GO 这样的手机定位游戏时，或者寻找丢失的智能手机时，也会用到 GPS。另一方面，发到社交网站上的照片里会嵌入定位信息，因此存在地址等隐私信息泄露的风险。

从 2018 年开始，被称为日本版 GPS 系统的"QZSS"正式投入运营。

关键词

GPS／人造卫星／GPS 接收器／汽车导航系统／物联网智能硬件／地图类应用程序／手机定位游戏／QZSS

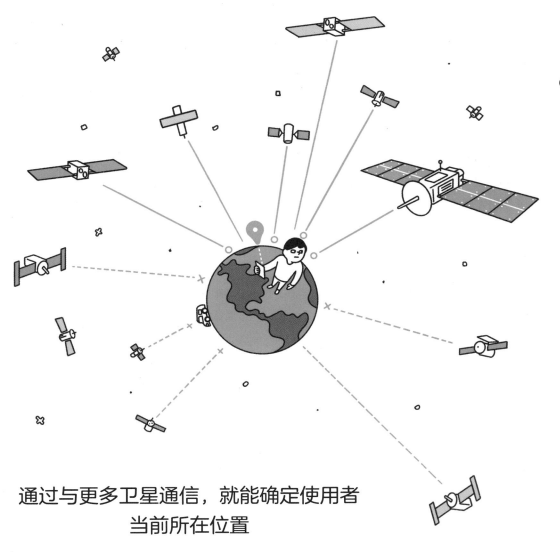

通过与更多卫星通信，就能确定使用者
当前所在位置

半导体

构建信息世界的基本物质材料

半导体是导电性介于导体与绝缘体之间的物质，有时导电，有时不导电。计算机只根据 0 或 1 的值来处理所有的信息。传递 0 或 1 的信息正好可以利用半导体所具备的导电性（开）和不导电性（关）。

类似金属这样能让电流顺利通过的物质叫作导体，像陶瓷或玻璃那样几乎完全不让电流通过的物质叫作绝缘体。

半导体具有介于导体与绝缘体之间的性质，是种有时导电、有时又不导电的物质。电阻（导体对电流的阻碍作用）越大对电流的阻碍作用越大，电阻越小，对电流的阻碍作用越小。

作为半导体的材料有硅（化学符号为 Si）或者锗（化学符号为 Ge）等，现在多采用硅作为半导体材料。

晶体管或集成电路等电子元器件都是使用半导体来制作的。

半导体广泛用在智能手机或个人电脑等计算机，以及游戏机、电视机、冰箱、LED 灯和医疗器械等各种电子产品中。

关键词

半导体 / 导体 / 绝缘体 / 电阻 / 硅 / 锗 / 晶体管 / 集成电路 / 电子元器件

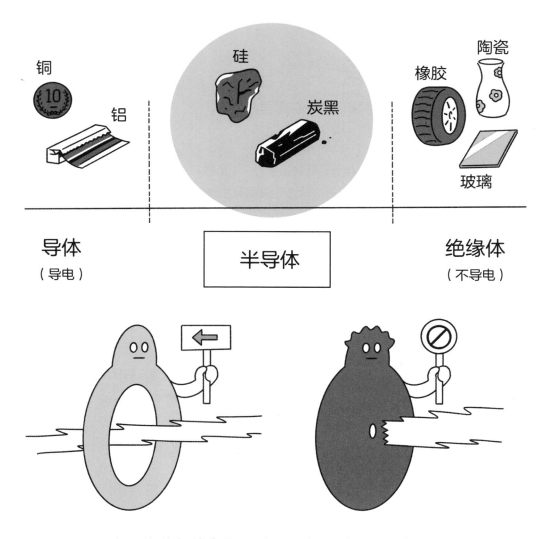

半导体随条件变化，时而导电，时而不导电……

术语
31

编程
让计算机执行你想要的操作

编程简单说就是编写程序。人类想让计算机执行一个操作时，如果有预先编写好的程序，那么直接使用就行，如果没有，就必须通过编程来达到目的。

所谓编程，是指给予计算机指示，让它根据人类的意图来执行想要的操作。

计算机只能理解 0 和 1 两种数字，这称为机器语言。由于人类使用机器语言来编程比较难，因此采用对人类来说更易于理解和编辑的编程语言。

使用编程语言编写出来的程序叫作源代码。

编程时，根据编程语言的"词汇"和"语法"编写源代码，以文件的形式进行保存。用编程语言编写的程序被转换成计算机能够理解的机器语言后执行。

根据不同的用途，所使用的编程语言也不同，有 C 语言或 C++、Java、Python、Ruby 等多种编程语言。

关键词
编程／程序／机器语言／编程语言／源代码

计算机无法直接理解人类的语言

C 语言、C++

由来已久的编程语言

C 语言是 20 世纪 70 年代开发的命令式编程语言。Perl 等多种计算机程序语言都是以 C 语言为基础开发而来的。UNIX 操作系统也是使用 C 语言设计而成的。C++ 是一种由 C 语言发展而来的、可以面向对象进行程序设计的编程语言。

　　C 语言里有很多内容必须由程序员来进行编写，难度很高。但同时，它的自由度高、适用性广，可以说是一种万能的编程语言。用它编程能控制处理的机器设备种类繁多，既可以用于超级计算机，也可以用于家用电器或工厂里的机械，还经常使用它来编写组装进机器内部的软件。

　　C++由 C 语言发展而来，难度高依旧是它

的特点。C++多用于编写大规模的应用系统或者对性能有高要求的程序。虽然它也可用于面向对象程序设计，但随着 Java 的出现，它不再是面向对象编程语言的主流。所谓面向对象程序设计，是指把数据和处理数据的方法（流程）以"对象"为单位进行整合，再把这些对象组合起来进行编程的方法。

关键词

编程语言 / C 语言 / 命令式 / Perl / UNIX / C++ / Java / 面向对象程序设计

最基础的计算机语言

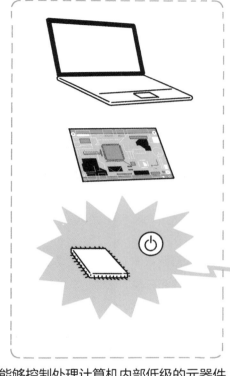

能够控制处理计算机内部低级的元器件，
进行底层开发

C 语言的儿子 C++

C++ 的表弟 C#

Java

面向对象编程语言的代名词

1995 年登场亮相的 Java 是基于 C 语言和 C++ 开发出来的面向对象编程语言。虽然刚开始时它的适用范围有限，但如今已广泛用于比如在网页浏览器上绘制动画等方面。

Java 是一种不限计算机机种或操作系统的编程语言，因此在不同的运行环境里，用它编写的程序都能顺利执行。家用电器等内部加载的系统、游戏软件、智能手机的应用程序以及银行的核心业务系统等众多软件都是用 Java 来编写的。

最初，Java 由 Sun Microsystems 公司开发，并作为开源软件（免费开发或公布源代码，能自由修改和分发的软件）发展起来。之后该公司被 Oracle 公司收购。随着 Oracle 公司继续对 Java 进行开发，最初的"开源软件"的概念便逐渐变得模糊了。

我们的手机和平板电脑中使用的安卓（Android）操作系统也是使用 Java 开发的。

关键词

编程语言 / Java / 开源软件 / 安卓操作系统

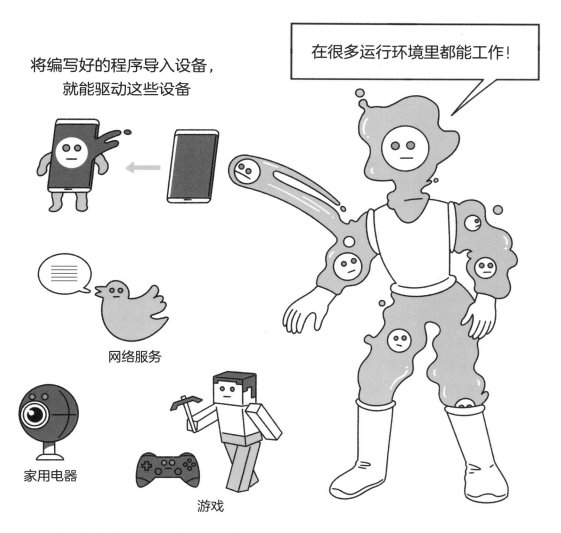

将编写好的程序导入设备，就能驱动这些设备

在很多运行环境里都能工作！

网络服务

家用电器

游戏

各种各样的场合都在使用

Python
在人工智能领域功绩杰出的编程语言

Python 是 1990 年上线的编程语言。与较难掌握和编写的 C 语言等相比，它结构简单，易于编写。凭借着它所提供的功能丰富的程序库，广泛用于各个领域。

Python 是一种免费的开源脚本语言，同时也是一种非常高级且实用的学术性编程语言。所谓脚本语言，是指结构简单、易于理解的轻量化了的编程语言。

Python 的特点之一是提供了适用于各个领域的、内容丰富的程序库。程序库是把数个能实现某个特定功能的程序汇集在一起，并且可直接调用的程序的集合。因为在处理复杂且重要的问题时，能够调用程序库里的程序来运行，所以不用编写大量的源程序就能直接实现各种各样的操作。比如深度学习所需的程序就由名为 TensorFlow 的 Python 程序库来负责处理。因此 TensorFlow 就成了深度学习或者机器学习的代名词。

关键词

编程语言 / Python / 脚本语言 / 程序库 / TensorFlow / 深度学习 / 机器学习

Python 里有很多实用的程序库
（一组能实现某个特定功能的程序），
十分好用

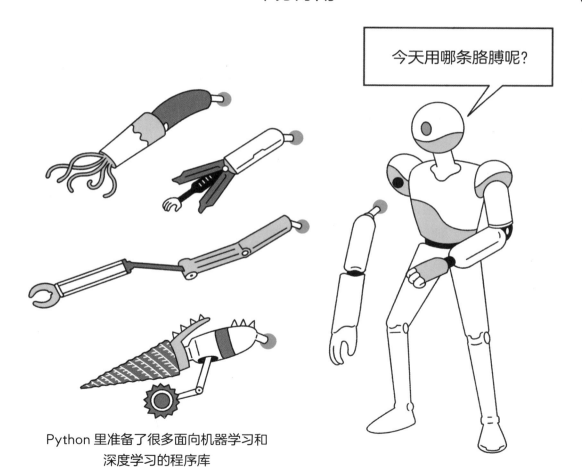

Python 里准备了很多面向机器学习和
深度学习的程序库

JavaScript

用行动来回应行动的编程语言

JavaScript 是一种适用于网页浏览器的编程语言。有了这种语言，能实现交互式（像两个人对话一样的操作形式）表达。网页上嵌入的 JavaScript 程序能直接在网页浏览器上运行。

本来，当用户要在网页浏览器上执行一些操作时，是由网络服务器进行处理后再把结果返回给网页浏览器。即使是要让网页中的一部分发生一些很小的变化，也得按照这样的流程来实现，所以在结果显示出来之前就会有等待时间，同时还加重了网络服务器的负担。于是 JavaScript 便闪亮登场，它是给网页浏览器的 UI（用户界面）带来革命性变化的编程语言。

JavaScript 无须通过网络服务器就能直接在网页浏览器上运行程序。凭借这一点，既能使网页对于用户的操作迅速做出反应，也能使在网页上显示丰富多彩的动态内容成为可能。比如在屏幕上移动地图时，能实时显示时间等。

补充一句，虽然 JavaScript 的名称里有 Java，但它和 Java 没有任何关系。

关键词

编程语言 / JavaScript / 网页浏览器 / 网页 / 交互式 / UI / 网络服务器

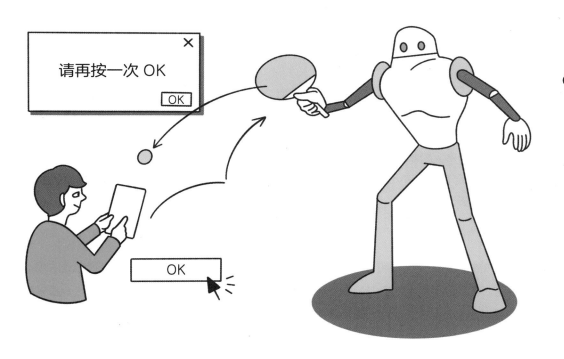

JavaScript 善于回应用户的操作行为

Ruby
人性化的编程语言

Ruby 是日本人松本行弘开发的一种编程语言，因为任何人都能使用、易于上手而风靡全世界。尽管如今 Python 作为易操作的编程语言广为人知，但在 Python 流行之前是 Ruby 的天下。

Ruby 的特点是它的结构和语法都很简单，易读易写。在提供网络上的服务、编写智能手机的应用程序或者制作游戏的时候都会使用到它。由于它的开发受到了 Perl 语言的启发，而 Perl 的读音和英语里的珍珠（pearl）是一样的，所以就给它取了意为红宝石的 Ruby。

Perl 是一种革命性的编程语言，它颠覆了"编程必须明确用途，遵守严谨的语法规则"的工程师思维，是基于"解决方法有很多种"的思想开发而成的。Ruby 也继承了这一思想。比如利用 Ruby 开发的网络开发框架（开发网络服务时作为基础框架的软件）Ruby on Rails。有了 Ruby on Rails，只需很少的工时就能搭建起一个巨大的电子商务网站。

关键词

编程语言 / Ruby / 松本行弘 / Perl / 网络开发框架 / Ruby on Rails

有了 Ruby，能让程序员像和机器对话一样编写代码

Scratch

能体验视觉化编程的工具

Scratch 是为了让孩子们能够快乐地学习编程而开发的教育用编程工具。只要把屏幕上显示的方块像搭积木一样组合起来，就能编写出程序。同时它还是逻辑思维教育的工具。

Scratch 是由美国麻省理工学院（MIT）的研究团队开发的，在 MIT 的网站上向全球青少年开放。因为是在网页浏览器里进行编程操作，所以在平板电脑、个人电脑等各种硬件上都能使用。

一般的编程语言都是以文字输入为基础的，Scratch 则能视觉化地编写程序。具体来说，就是在把"向前一步""向左转""向右转""重复 n 次"等方块像拼图玩具一样组合起来的过程中，就可以完成程序的编写。方块的种类有很多，能根据它的颜色和形状来区分它的使用方法，而且也能自己制作全新的方块。与编写源代码的编程不同，它主要着眼于培养编程所需的思维方式以及创造性的想象力。

关键词
Scratch / 编程工具 / 麻省理工学院 / 思维方式 / 想象力

算法

解决问题的步骤

解决某个问题或执行某个任务时的步骤叫作算法。对于计算机来说，解决给定问题的确定的计算机指令序列，用以系统地描述解决问题的步骤就是算法，研究出算法之后才能编写程序。要编写出一段好用的程序，出色的算法是必不可少的。

算法是指做某件事时的"方法"或"步骤"。按步骤进行的烹饪或洗衣服等都可以说成是一种算法。

在算法里，指令是一条一条按顺序排列的。对于计算机的程序来说，指令必须条理清晰，排序最佳。算法成形后，通常会用流程图来表示。随后再用编程语言来描述算法，编写程序。

解决某个问题的算法往往不止一种。例如，在某种算法里，不进行大量的运算就没法给出问题的答案，而用另一种算法的话，也许只需运算几次就能得到答案。

程序是基于算法编写的，因此算法不同，程序的大小、运算时间都不尽相同。

关键词

算法／程序／流程图／编程语言

任务：到达终点

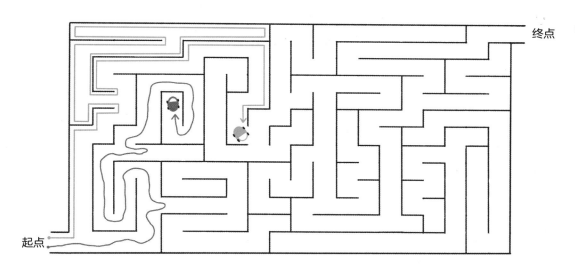

终点

起点

A 算法
"一直贴着左侧的墙壁行进"

B 算法
"在岔道上随机选择一条道路行进，不能前进时回到岔道，不再回到之前的道路"

能更准确、更巧妙地到达终点的算法就是优秀的算法

系统设计

开发应用程序之前的步骤

开发一款应用程序需要花费时间和成本。为了尽可能避免无谓的作业，必须在刚开始就制作好设计图。在开发规模庞大、结构复杂的系统时，系统设计是决定系统易用性的重要工序。

虽然在系统开发过程中，编程（编写程序）所占的比重相当大，但开发者们并不会贸然进行程序的编写工作。系统开发一般都是按开发流程来进行的。

设计开发流程时，首先要确认使用该系统的人员的目标及需求（为何要使用这个系统，怎样使用，必须使用到什么时候等），确立开发计划。接着进行系统设计，制作出整个系统的设计图（具备哪些功能，布局是什么样的等）。再参照该设计图进行程序设计。进行程序设计时需要决定使用哪种编程语言和如何进行编程（编写程序）等。然后才进入具体的编程过程，最后在经过各种测试后投入实际运用。

关键词

系统开发 / 开发流程 / 设计图 / 程序设计 / 编程语言 / 编程

1. 项目立案
要制作什么系统

2. 分析
需要什么样的功能

6. 维护
有没有 bug？
需要添加新的单元吗？

3. 设计
使用哪种编程语言，
怎样制作系统

5. 测试
是否具备想要的功能？

4. 编码
编写代码

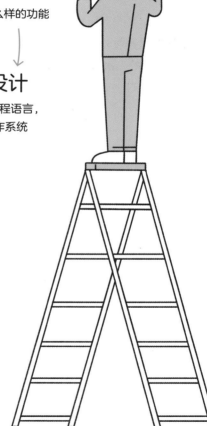

術語
40

敏捷开发
软件开发讲究随机应变

敏捷开发是开发软件的一种模式。它是把整个软件按小功能分割开，一点一点进行开发。所谓敏捷，就意味着"迅速""灵活"，这种模式在软件所需要的要素发生变更时，能够灵活应对。

软件开发模式中有一种被称为瀑布式开发。

瀑布式开发是把整个软件的开发过程分为需求分析（使用目的、用途等等）、设计、编码以及测试等几个步骤，并根据这些步骤来制定计划表，严格管理软件开发的过程，以防重复劳作。

当瀑布式开发的过程中发现问题时，会出现大量返工。

而与之相对的敏捷开发是把每一个项目都分成一个个小目标。由于是通过达成一个个小目标来实现最终整个项目的完成，因此在开发中途如果出现要修复所发现问题、需求有所改变或者要增加新功能等情况，都能灵活应对。

另一方面，这种模式也存在难以预估完成时间或者和最初拟定的样式发生很大偏差的可能性。

关键词
软件开发 / 敏捷开发 / 瀑布式开发

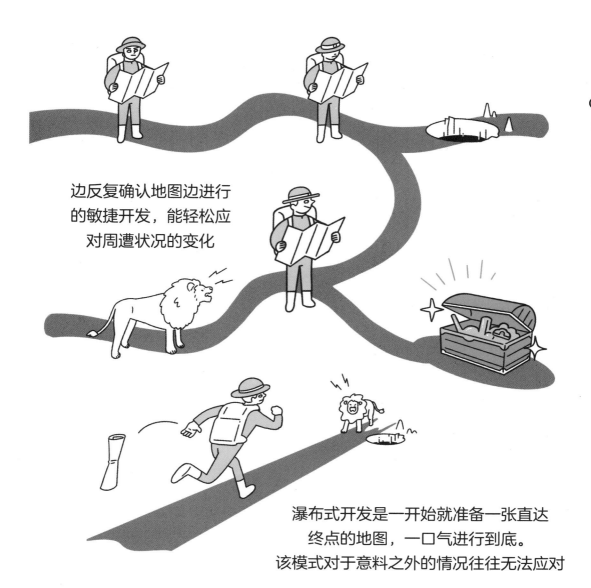

边反复确认地图边进行的敏捷开发，能轻松应对周遭状况的变化

瀑布式开发是一开始就准备一张直达终点的地图，一口气进行到底。该模式对于意料之外的情况往往无法应对

二进制、字符编码

只有 0 和 1 的信息由谁来使用？如何使用？

在计算机里，所有的信息都用 0 和 1 来表示，无论是照片、音乐还是视频，都是由 0 和 1 组成的集合。此外，字符是使用同每一个字符相对应的字符编码来表示的。这种只使用 0 和 1 两个数字来表示数值的方法称为二进制。

计算机根据通电和不通电来判断状态是 0 还是 1。通电就是 1，不通电就是 0。因此，所有的信息都会转换成计算机能够判断的、使用 0 和 1 来表示的二进制信息。使用二进制，一位数可以表示两种状态（0 或 1），两位数能表示四种状态（00、01、10、11），三位数能表示八种状态（000、001~110、111），依此类推，随着位数增加，它能表示的数值就会成倍增长。

对于包含符号、数字的字符，使用字符编码。

字符编码是把编号系统地分配给某类字符的集合（字符集）。比如，由来已久的标准 ASCII 码是使用七位（7 比特）的二进制数来表示英文字母、数字和符号，英文字母 A 是 1000001，英文字母 B 是 1000010。

关键词
二进制 / 字符编码 / 标准 ASCII 码

所有的数据都能用 0 和 1 来表示

颜色

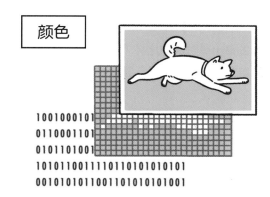

1001000101
0110001101
0101101001
101011001111011010101010101
001010101100110101010101001

字符

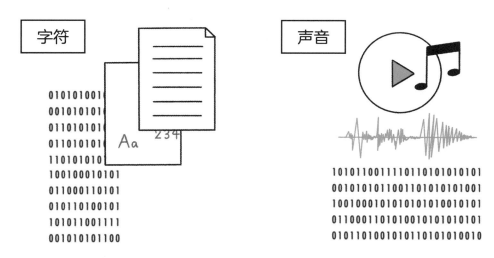

信息量的单位

比特、字节表示什么?

计算机所使用的信息量的最小单位叫作比特(bit)。1 比特能表示 0 或 1 两种数值。另外也使用比比特大的字节(byte)来表示信息量,一般情况下 8 比特为 1 字节。

1 比特即相当于二进制数的一位所包含的信息。8 比特(8 位二进制数)就能表示 00000000~11111111,共计 256 种信息。每增加 1 比特,所能表达的信息量就会成倍增加。

此外,8 比特 =1 字节,字节这个单位也常被使用,尤其在表示存储器的容量时。这两种单位的简写,比特(bit)使用英文小写字母 b,

字节(byte)使用英文大写字母 B。

随着信息量越来越多,在以上两种单位前便加上了诸如千(K)、兆(M)、吉(G)、太(T)等词头。按照国际单位制,1000=1K、1000K=1M、1000M=1G、1000G=1T。

而表示存储器的容量的词头使用 $2^{10}=1024=$ 1K、1024K=1M、1024M=1G、1024G=1T。

关键词

比特(bit)/字节(byte)/二进制/存储器/千(K)/兆(M)/吉(G)/太(T)

能放入 0 或 1 的箱子的信息量

1 比特

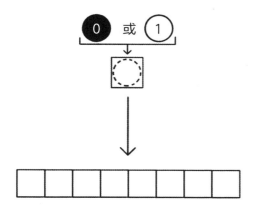

8 比特 =1 字节

8 比特的情况下，由 0 和 1 组合
而成的数值有 256 个

围棋盘是
19×19=361 比特

1024 字节 =1 千字节

1024 千字节 =1 兆字节

分辨率

像素值与外观的关系

计算机或智能手机的屏幕是由很多小点组成的。这一个个小点称为像素，能决定图像的颜色和亮度。无数的像素聚集到一起组成完整的图像。像素的数量越多，图像看起来越精细。

计算机或智能手机的显示屏有很多种尺寸。同尺寸的情况下，像素数量越多，图像越精细，看得越清楚，像素越少图像看起来越模糊。

分辨率是对图像的精密度的一种度量。分辨率一般以每英寸的像素数量，即 ppi（pixel per inch，像素每英寸）为单位来表示。这个数值越大，分辨率就越高，图像就会变得极其精细而异常清晰。

屏幕的分辨率有很多种，近几年有越来越高的趋势。高清电视（HDTV）的分辨率是 1920×1080。由电视广播机构倡议推动的 4K 超高清电视的分辨率是 3840×2160，8K 超高清电视的分辨率可达 7680×4320，它们的分辨率分别是高清电视的 4 倍和 16 倍。

关键词

像素 / 分辨率 / 4K / 8K / 超高清

图像看起来是否清晰由分辨率决定

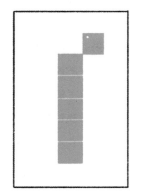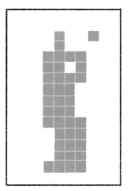

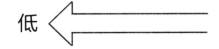 低 ← 分辨率 → 高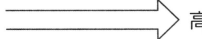

术语
44

编码、PCM
模拟信号和数字信号的关系

声音等的模拟信号是一组连续的信息，在计算机里处理这样的信息时，需要把原本连续的信息转换成离散的数字信号。当把模拟信号转换成数字信号时，要进行抽样、量化和编码处理。

以声音为例，进行抽样时，根据模拟信号的声音波形沿着横轴（时间）按照一定的间隔（比如按每秒 44100 次来划分）读取声波的高度。在下一步的量化中，将纵轴划分成数段（刻度），用其中最接近声波高度的数值来表示抽样时读取到的数值（取近似值）。最后再把这量化过程中得到的数值转换成编码，用二进制数 0 和 1 来表示。

像这样将声音波形转换成数字信号的方法称为脉冲编码调制（Pulse Code Modulation，PCM）。经过 PCM 处理，模拟信号里光滑的声音波形就会变成有棱有角的形态。虽然这些棱角上的刻纹越细致就越接近原来的音质，但同时数据量也会增大。反之，棱角上的刻纹越粗疏，数据量会越小，但和原始音质也会相差得越远。

关键词
模拟信号／数字信号／抽样／量化／编码／PCM／数据量

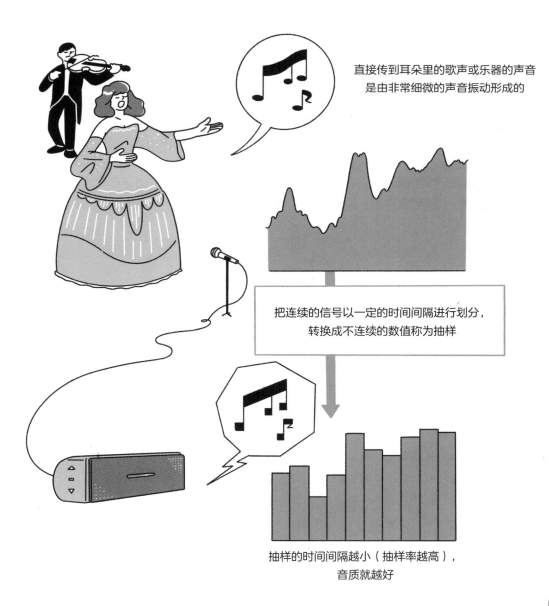

直接传到耳朵里的歌声或乐器的声音
是由非常细微的声音振动形成的

把连续的信号以一定的时间间隔进行划分，
转换成不连续的数值称为抽样

抽样的时间间隔越小（抽样率越高），
音质就越好

扩展名

这个文件是文本、图片还是程序呢？

计算机所处理的数据或程序均以文件为单位汇总到一起来保存。为了一看就能明白是哪种文件，就要给文件起上名字。在文件名的末尾都有表示文件种类和格式的扩展名。

所谓扩展名，就是指诸如 music1.mp3、picture1.jpg 之类文件名末尾的 mp3 或 jpg 这样的字符串。文件名和扩展名之间用英文的句号（.）来分隔。

扩展名是由文件的种类或格式来决定的。文本文件的扩展名是 txt，PDF 文件的扩展名是 pdf，HTML 文档的扩展名是 html。

而诸如图片、音频或视频等文件格式多样化的文件，则分别使用多个不同的扩展名。比如表示图片文件的扩展名有 jpg、gif、png、bmp 等，音频文件的扩展名有 mp3、m4a、aac、wav 等。

在 Windows 等操作系统中，当给计算机下达打开某个文件的指令时，能让系统根据扩展名自动启动打开该文件所需的应用软件。用户也可以指定用与扩展名相对应的应用软件来打开。

关键词

扩展名 / 文件 / txt / pdf / html / jpg / gif / png / bmp / mp3 / m4a / aac / wav

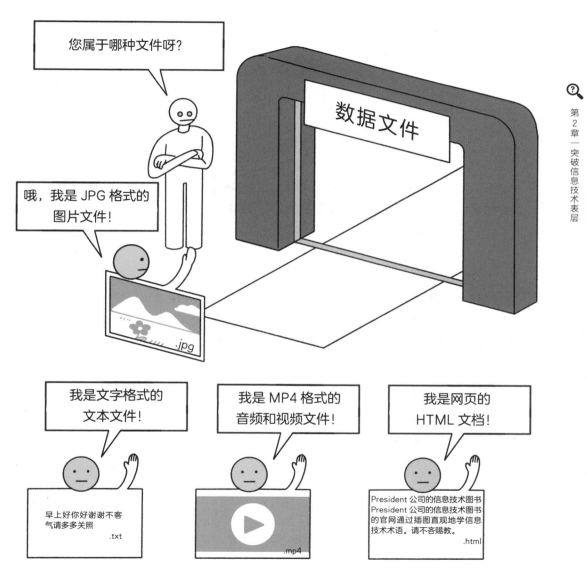

压缩

缩小文件尺寸的技术

利用算法将文件处理，以达到保留最多文件信息，而令文件体积变小的方法叫作压缩。压缩既能使同样内容的信息所占空间更小，也能让同样容量的存储设备里保存更多的数据。除此之外，还能缩短互联网上传输数据所需的时间。

图片、影像、声音和程序等文件的精度越高，功能越强大，这些数据所占的空间就会越大。然而数据的存储设备（内存或存储器）的容量和通信速度是有限的。由此，发展出了减小文件大小的压缩技术。

压缩后的文件用和压缩时相反的算法进行运算，会还原到原先的大小和状态。这种技术称为解压缩。压缩技术有能够还原的压缩方式（无损压缩），也有无法还原的压缩方式（有损压缩或不可逆压缩）。

有损压缩通常用于即使减小文件大小会降低其质量，但不会影响实际效果的图片、视频或音频等文件。比如，JPEG 文件就是原图压缩后的一种格式，MP3、AAC 是原音频文件压缩后的格式。

关键词

压缩 / 存储设备 / 无损压缩 / 有损压缩 / 图片 / 视频 / 音频 / JPEG / MP3 / AAC

数据太大很难传送

压缩后变小了就
容易传送了

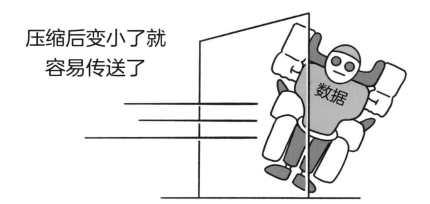

字体

即使是同一个字，风格变了给人的印象也会改变

字体，比如黑体字或宋体字等，是按同一风格设计的文字形态的集合，也称为字型。计算机在屏幕上显示文字或要把文字打印出来时，从字符编码中设定显示或打印哪种字体，就会根据字体输出一个个相应的文字形态。

字体有很多种类，内容完全相同的文章选用黑体字和宋体字，给人的印象也会不一样。并且文章的可读性（易读性）也会因字体不同而有很大不同，因此，标题通常用黑体字，正文则经常用宋体字。黑体字和宋体字也分别叫作无衬线体和衬线体。衬线是指在文字笔画的开始和结束的地方有额外的装饰。

此外，即便是相同的字体，笔画粗细不同也会给人不一样的感觉。一般，计算机上字体笔画的粗细有两种，分别是普通粗细（medium）和粗体（bold）。

计算机刚问世的时候，曾使用由点的集合来表现文字形态的点阵字体（放大后会看起来呈锯齿状）。如今已多使用无论缩小还是放大，文字形态都不会发生太大变化的矢量字体了。

关键词

黑体字 / 宋体字 / 字型 / 字符编码 / 字体 / 点阵字体 / 矢量字体

只要改变字体，文字给人的感觉就会发生很大变化

高速缓存

把马上要用的东西放在立刻就能拿到的地方

把马上想要使用的数据放在立刻就能拿到的地方能提高工作效率。在计算机里或互联网上，会把读取一次后的数据或经常使用的数据复制保存在马上就能获取到的位置，这就是高速缓存。

高速缓存的英文是 cache，有隐藏的意思。既可以指被保存下来的数据本身，也可以指数据所保存的位置。无论是为了高速处理数据，还是为了减少通信量等目的，在各类计算机的操作环境下，都会需要使用高速缓存。

网页浏览器的高速缓存用于保存浏览过一次的网页数据。当再次浏览相同网页的时候，有了保存在高速缓存里的数据，就不必再重新下载相同的数据了。

计算机把使用中的应用程序所需要的数据放在主存储器，这也属于一种高速缓存。一般情况下，保存数据的硬盘驱动器等外部存储器都是低速的，而主存储器是高速的。

CPU 凭借把数据存放在主存储器，实现了数据处理的高速化。在 CPU 内部也采用了高速缓存机制。

关键词

高速缓存 / 高速化 / 通信量 / 网页浏览器 / 主存储器 / 硬盘驱动器 / CPU

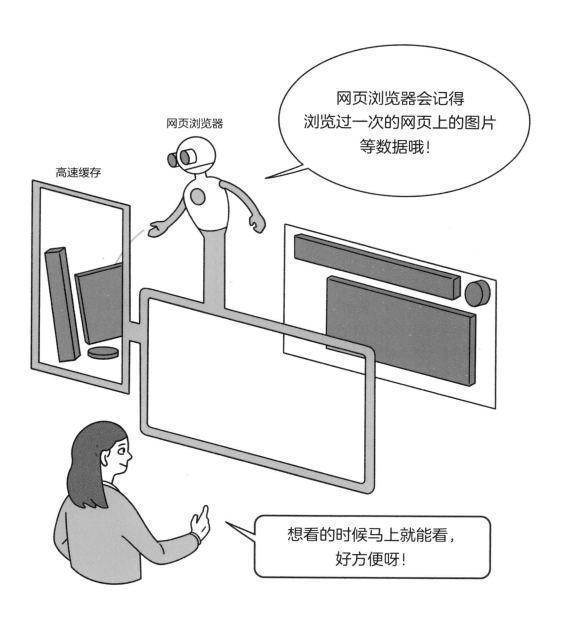

联盟营销

一种按营销效果付费的网络营销方式

点击显示在网站、博客或社交网络等里面的广告链接,页面就会跳转到相应的购物网站。在那里进行购物后,发布广告链接的人会获得酬劳。这种营销方式称为联盟营销。

联盟营销的英文是 affiliate,有协作、合作的意思。营销商猜测通过搜索等方式来查看网页、博客或社交网络的人会对显示在哪些网站上的信息有兴趣。如果发布和那些信息相关的商品广告,便能借机接触到目标人群,使广告效率获得提升。联盟营销的形式正是在这样的广告环境中诞生,在网站、博客和社交网络上发布联盟广告的人称为联盟会员。

品牌商通过联盟营销平台(affiliate service provider,ASP)向联盟会员提供广告。浏览到了联盟营销广告的消费者会在商家网站下单。随后商家则在收取货款完成发货后,通过 ASP 向联盟会员支付酬劳。如此便达到四方共赢的局面了。

关键词
联盟营销 / 广告 / 酬劳 / 目标人群 / 联盟会员 / ASP

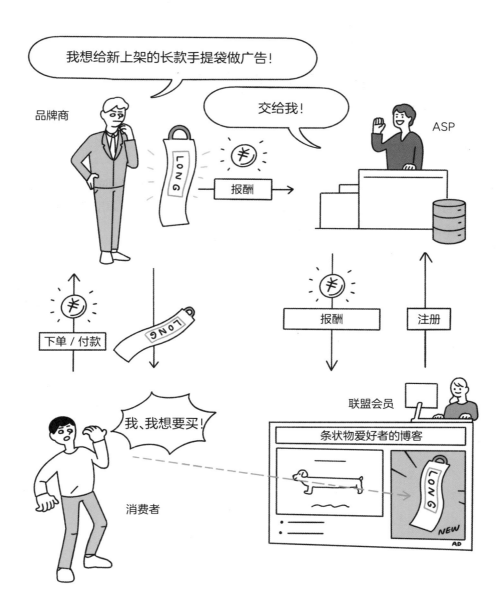

搜索引擎优化

术语
50

简化网络搜索的一种技术

在用户使用搜索服务时，更倾向于点击进入搜索结果列表里靠近顶部的网站。网站通过使用各种算法和方法，使特定网站得以在搜索结果的列表里排位靠前的技术就叫作搜索引擎优化（Search Engine Optimization，SEO）。

提供搜索服务的网站里，有一种叫作搜索引擎的程序。搜索引擎会收集互联网上各个网站的信息，并经过独特的算法来整理这些信息。最后在此基础上，针对用户搜索时所输入的关键词，提供最合适的搜索结果。

公司企业等为了让本公司网站在搜索结果里排位靠前，会自行采用搜索引擎优化或委托专门从事搜索引擎优化的公司。

搜索引擎优化的方法有在别的网站上增加本公司网站的链接，选择使本公司更容易被搜索到的搜索关键词，追加与关键词相匹配的网站内容或者在网站内植入更多的关键词等。但是，因为搜索引擎的算法是不公开的且经常会变更，所以不存在能确实保证排位靠前的方法。

关键词

搜索服务／搜索引擎优化／搜索引擎／算法／搜索关键词

采用搜索引擎优化的网站在搜索
结果中排位靠前的可能性很大

好吃的餐厅

当然也有很多搜索不到
但却很优质的餐厅

深网

搜索引擎发现不了的信息

借助搜索引擎，可以在互联网上查看很多信息，但这些信息只是存在于互联网上的所有信息的一部分。还有一部分网络信息，标准搜索引擎无法找到，叫作深网或者隐藏网。

搜索引擎中使用一种叫作爬虫的程序，在网络世界里到处巡游，收集信息。但爬虫并不能收集到网络上的所有信息，有些网站由于限制访问而无法被搜索到。不登录就无法浏览的会员服务网页、社交网络上的个人主页以及含有公司企业机密信息等搜索不到的网页就是深网。

互联网上的信息里，深网的内容占了约90%。与之相对的，搜索引擎能收集到的信息叫作表层网络，简称表网。此外，深网中还有一部分被称为暗网，是互联网上的地下组织，它作为"黑暗网络"，成了违法犯罪行为的滋生地。通过直接输入特殊的 URL 或使用专门的浏览软件就能进入到暗网，由于这类网站都经由多个服务器中转，因此匿名性很强。

关键词

搜索引擎／深网／隐藏网／爬虫／表层网络／暗网

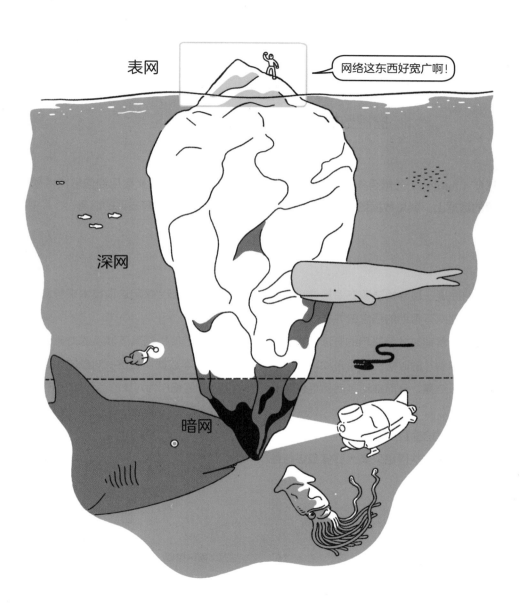

数据挖掘

挖掘数据，寻找"黄金"

挖矿（mining）通常是指从矿坑里采掘有用的矿石。把这一含义套用到信息技术领域里的数据上，就是数据挖掘。挖掘大量的数据后能获得之前未曾发现的信息。

数据挖掘是一种寻找隐藏在海量信息中、对预测未来动向有帮助的信息的方式。它最初是一种在市场营销时才会采用的方法，曾通过分析数据后得到"同时购买纸尿布和啤酒的人有很多"这一结果，从而推动了商品柜台设计的改进。

如今，数据挖掘被应用到了更多方面，在将机器学习应用于从网络采集大数据或进行统计分析时，都会采用这项技术来帮助发现全新的信息。

数据挖掘根据其所涉及的对象分成几个种类。把文本数据作为挖掘对象的话，称为文本挖掘，把网络作为对象的话称为网络挖掘。

此外，在虚拟货币领域里，创建新的区块（交易数据）以获得虚拟货币作为奖励的行为也叫作挖矿。

关键词

挖矿 / 数据挖掘 / 文本挖掘 / 网络挖掘

采集 / 分析庞大
的数据

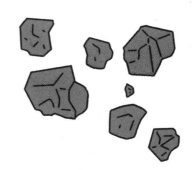

磨掉多余的信息

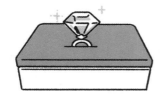

作为重要信息来使用

通信协议

遵守约定才能顺利通信

通信协议是在互联网上进行通信时所需遵循的规则和约定。不同种类或构造的设备之间只要遵守共同的通信协议就能进行通信。比如浏览网页的 HTTP，发送电子邮件的 SMTP 等都是一种通信协议。

通信协议有很多种，包括以太网或无线局域网等物理层通信协议，IP 等网络层通信协议，TCP 等传输控制协议，HTTP 或 SMTP 等应用层通信协议等。通信协议以层划分（物理层、应用层等），各层通信协议分别起到不同的作用，从而提高通信效率。

互联网上的通信采用四层的 TCP/IP 通信协议。遵从 TCP/IP 通信协议，无论什么样的计算机都能在互联网上交换信息。协议一词本来是外交界的术语，指不同语言和习惯的人之间，在进行交流时所定下的流程和方式等。

关键词

通信协议 / 以太网 / 无线局域网 / IP / TCP / HTTP / SMTP / TCP/IP

IP 地址

确定通信对象的互联网协议地址

互联网上的计算机之间进行通信时，为了相互确定对方身份，采用 IP 地址来识别。如果 IP 地址重复就会无法和正确的沟通对象进行通信，因此一般情况下不会出现相同的 IP 地址。

将设备连接到互联网时，IP 地址是必不可少的。不只是个人电脑或者智能手机，家用电器或游戏机等在连接到互联网上进行使用时也必须有 IP 地址。通常每次连接网络时，IP 地址是由互联网服务提供商或路由器来分配的，所以普通用户不会感觉到 IP 地址的存在。

IP 地址分为网络协议版本 4（IPv4）和网络协议版本 6（IPv6）。如果一直以来使用的是

IPv4，那么地址就会如 192.168.0.5 这样，是用点（.）分隔开排列的 4 组范围从 0 到 255 的十进制整数。计算机只能使用二进制数，IPv4 的 IP 地址用二进制（0 或 1）表示，会显示为一串 32 位的数字。IPv6 是在 IPv4 的基础上改进的规则，用二进制表示时有 128 位，能使用的地址也比 IPv4 多得多。

关键词

IP 地址／互联网／网络／通信／IPv4/IPv6

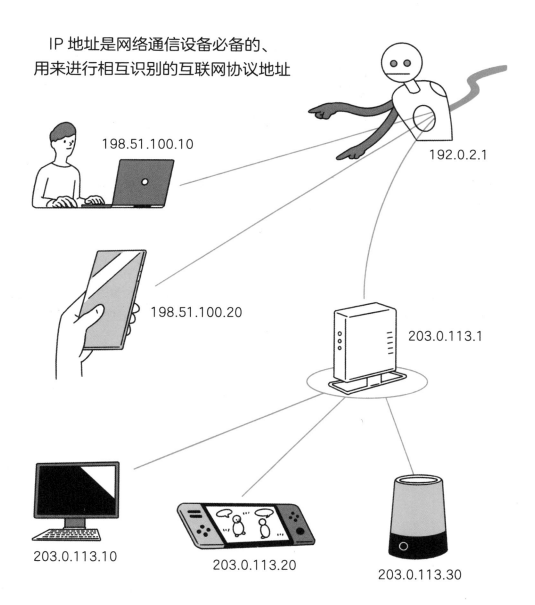

IP 地址是网络通信设备必备的、
用来进行相互识别的互联网协议地址

198.51.100.10

192.0.2.1

198.51.100.20

203.0.113.1

203.0.113.10

203.0.113.20

203.0.113.30

域名

用于标识网上所在地址的名称

类似 example.co.jp 这样的字符串叫作域名。域名是用来管理互联网上的地址而使用的另一套与 IP 地址不同的字符型地址。域名把国家、组织等属性分别划分成不同的域（空间）来进行管理。

虽然 IP 地址能用来定位网络上的设备，但纯粹的数字组合不方便人类记忆和使用。于是为了改善这个问题，便开发出了用英语单词等表示的域名，让它和 IP 地址相互映射，使人们更方便地访问互联网。以 example.co.jp 为例，从这个域名里可以读出"在 jp 国的 co 区域里的 example 先生 / 女士"。所以域名就是供人们读取互联网上确定位置的"地址"。

域名采取分层的管理模式。它把域名分为顶级域名（比如 com 或 jp 等）、二级域名（比如 co 或 go 等）和三级域名。在顶级域名中，存在诸如 com 或 gov 之类的表示机构种类的名称，以及像 jp（日本）和 fr（法国）这样的表示国家和地区的名称。

关键词

域名 / 域 / 顶级域名 / 二级域名 / 三级域名

animal.cn

中国的动物

kyoto.jp

日本的京都

非常好!

water.com

饮用水的销售

（虽然以前 com 是商用的，但现在已经被作为普通域名而广泛使用）

town.ukcity.gb

英国的街道

arch.fr

法国的建筑

food.de

德国的美食

speech.gov

政府机关的演讲

president.co.jp

日本的 PRESIDENT 股份有限公司

路由选择

选择最合适的路径传送数据

互联网由无数网络相互连接而成。在从一个网络发送数据到另一个网络的过程中，负责中转 / 转发数据的设备是路由器，它会运算出能把数据传送到正确地址的最佳路径，这叫作路由选择。

在互联网上，为了把数据发送到目标计算机，需要使用 IP 地址。路由器接收到数据后会查看目标计算机的 IP 地址，并判断把数据转发给邻近路由器中的哪台路由器才能把数据顺利传送到目标计算机。数据就是这样在一台又一台的路由器之间不断转发，最终被送达目标计算机的。

收到数据的路由器为确定下一个转发目标，需要参照路由选择表。在路由选择表上记录着目标计算机的 IP 地址和下一个路由器的名称和地址等信息。比如会像这样记录着路由信息：目标计算机 IP 地址是 198.51.100.16 的数据转发到路由器 A，目标计算机 IP 地址是 198.51.100.32 的数据转发到路由器 B。

关键词
路由选择 / 路由器 / IP 地址 / 路由选择表

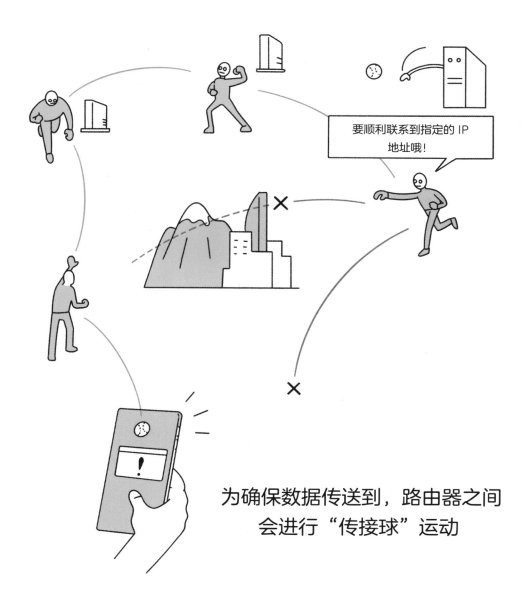

为确保数据传送到，路由器之间
会进行"传接球"运动

Cookie

辨别访问者身份的数据

浏览网页时，网络服务器发送并保存到浏览了网站的个人电脑等终端设备上的数据叫作 Cookie。当同一台终端设备再次进入同一个网站时，网络服务器通过查看 Cookie 就能跳过访问者身份认证或显示变更的信息。

在浏览网页时，采取先由网页浏览器向网络服务器发送相关内容的请求，网络服务器再对网页浏览器做出响应的通信方式。网页浏览器在收到网络服务器所返回的内容后，会对内容进行整理并显示到屏幕上。

Cookie 是网络服务器发送并保存到网页浏览器端的信息，当网页浏览器再次向同一台网络服务器发送请求时，也会把 Cookie 的信息传送回网络服务器。最后网络服务器则把传送回来的 Cookie 信息和定制的内容一起发送给网页浏览器。

有了 Cookie，能使上网更为便利，比如让网页保持前一次浏览时所设定的状态或者继续上一次被中断的网上购物以及简化登录操作等。

另一方面，有时一些商家也会通过 Cookie 参照访问者的历史访问记录来发送广告。

关键词

Cookie／网络服务器／内容／请求／响应／网页浏览器／历史访问记录

网络攻击

以信息世界为舞台所实施的犯罪行为

所谓网络攻击，是指通过网络侵入用户的计算机或系统，实施破坏或篡改以及窃取数据的行为。这类行为中既有针对某个特定机构或个人的，也有无固定目标的无差别攻击。

网络攻击的手段多种多样，近几年来，有计划地针对特定攻击对象的标的型攻击和把感染了恶意软件的计算机作为"人质"索要赎金的勒索病毒等犯罪事件的数量不断上升。此外，软件设计中会存在缺陷（叫作安全漏洞或安全脆弱性），针对这一部分也会进行攻击。

攻击者大多是掌握了高超的计算机或网络等信息技术相关知识的"黑客"。因此黑客几乎成了网络攻击者的代名词，但也有把自己的能力用于防止机构等遭受网络攻击的黑客。这种可以称为"正义使者"的黑客则被称为白帽黑客或白客。和白帽黑客相对，把专门从事网络攻击，进行破坏活动的黑客称为黑帽黑客或者骇客。

关键词

网络攻击 / 恶意软件 / 安全漏洞 / 白帽黑客 / 黑帽黑客 / 骇客

在网络空间展开的
一场新的战斗

黑客入侵
你的账户被盯上了

非法进入他人账户的行为被称为黑客入侵。不怀好意的人会对进入账户的认证信息进行攻击。账户一旦被入侵，会导致无缘无故的购物消费或者个人信息被盗。

互联网上所提供的服务等会对每个账户的登录权进行限制以保证网络安全。登录权限制多使用账号和密码。不怀好意的人会使用各种手段窃取账号和密码来尝试黑客入侵。

有时也会使用网络钓鱼的欺诈手段。所谓网络钓鱼，是先准备一个假的网站（常和真的网站很相似），然后通过电子邮件里的链接诱骗受害者，让受害者输入密码等信息从而达到窃取重要信息的目的。此外，键盘记录器也能记录输入的关键词并窃取重要信息。

还有一些黑客并不是使用技术手段，而是利用一种叫作社会工程学的伎俩。就是通过假扮相关工作人员给受害者打电话，偷取受害者的笔记，在受害者背后偷看其操作中的屏幕等，针对人的心理弱点进行攻击。

关键词
账户／黑客入侵／网络安全／密码／钓鱼／键盘记录器／社会工程学

各种形式的黑客入侵

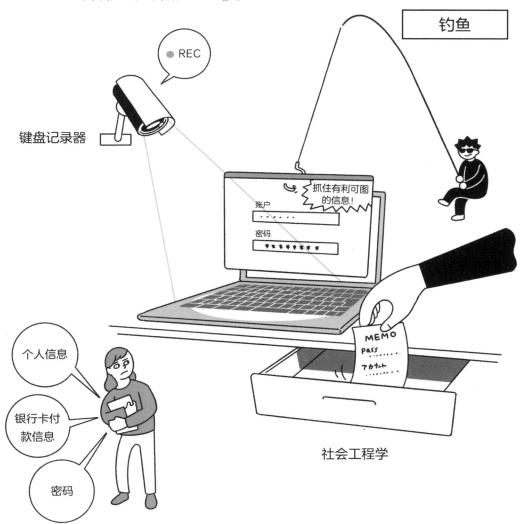

社会工程学

恶意软件

不怀好意的软件

以给计算机造成某种损害为目的而制作出来的程序，统称为恶意软件。比如它会使计算机无缘无故地运行某个程序，或者窃取、篡改乃至破坏计算机里的信息等，给计算机带来各种各样的麻烦。

恶意软件，顾名思义就是指带有恶意的软件。恶意软件会在打开电子邮件里的附件或下载文件时被感染上，也可能仅仅只是浏览了一下网页就被感染上。

恶意软件根据它们各自不同的行为方式，有很多名称。有像自然界的病毒那样感染文件进行非法复制的病毒，有进一步扩散感染的病毒，有不用寄生于文件里、能自我繁殖的蠕虫病毒，还有藏在乍看之下毫无问题的软件里、

非法运行文件的木马病毒等。此外还有藏匿在计算机的操作系统中，制作（通向计算机内部的）后门（漏洞）的后门病毒。

除了以上种种，近年来还出现了使计算机无法操作从而索取"赎金"的勒索病毒，针对网上银行交易的病毒，非法进行虚拟货币采掘（挖矿）的病毒等。恶意软件的种类逐年递增，它们的攻击手段也越来越险诈。

关键词

恶意软件 / 病毒 / 蠕虫病毒 / 木马病毒 / 后门病毒 / 勒索病毒 / 网上银行 / 挖矿

恶意软件有很多种类

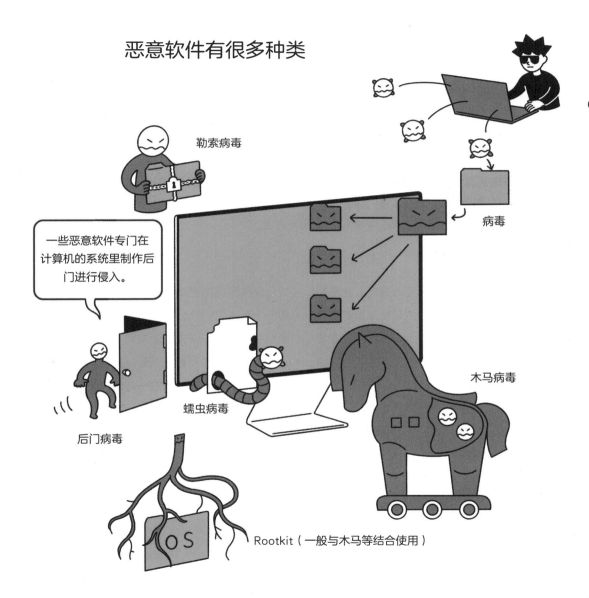

勒索病毒

病毒

一些恶意软件专门在计算机的系统里制作后门进行侵入。

后门病毒

蠕虫病毒

木马病毒

Rootkit（一般与木马等结合使用）

加密

加"锁"以使内容保密的技术

通过特定的算法，把原先的数据内容转换成无法直接看懂的信息就叫作加密。而把加密后的数据还原成原先的数据则叫作解密。加密和解密时都需要使用被称为密钥的信息。加密有共享密钥加密和公共密钥加密两种方式。

数字数据里包含着许多个人信息、企业机密等重要信息。为保护这些信息而采取的方式之一，就是加密。在互联网上，即使加密数据被盗，只要密钥没有被盗，那么第三方也无法知道数据的具体内容。

共享密钥加密是加密和解密都使用相同密钥的加密方式。发送数据的一方借助某种方法把用于加密的密钥交给对方，收到密钥的一方使用该密钥来还原加密数据。

公共密钥加密是预先准备了一个公共密钥和一个私人密钥，分别用于加密和解密。公共密钥是分享给任何人都没有问题的密钥，而私人密钥就是除了拥有者以外，不可以被任何人知道的密钥。发送数据的一方使用接收数据一方所提供的公共密钥对数据进行加密后再发送出去。接收数据的一方再使用私人密钥还原加密数据。

关键词

加密／解密／密钥／共享密钥加密／公共密钥加密／个人信息／企业机密／公共密钥／私人密钥

把数据内容加"锁"，转换成不使用
"钥匙"无法识别的数据（加密）

使用一对密钥

使用"钥匙"把加密数据还原（解密）

即使加密数据被盗，只
要没有"钥匙"，就无
法知道具体内容

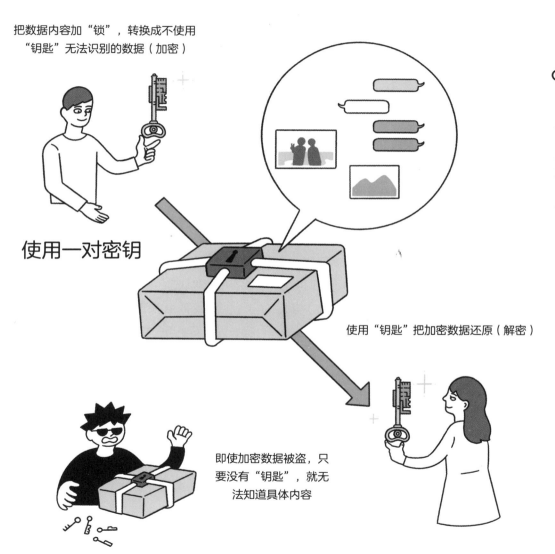

哈希函数

防止数据被篡改的机制

哈希函数是把某个值作为一个输入值，再以此为基础经过一定的流程进行计算，最后输出毫无规则且具有一定长度值的函数。输入值稍有不同，输出值就会发生变化，常用于区块链或电子签名等领域。

通过哈希函数输出的值，称作哈希值。哈希函数有各种各样的类型，根据输出不同可分为 128 位（16 字节）和 256 位（32 字节）等，哈希值的长度都是固定的（ASCII 码的话，16 字节就是 16 个英文字母数字符号）。

想要调查一组大数据是否遭到篡改（内容改写）或被损坏，通过输出该组数据的哈希值，然后把它和从原数据中输出的哈希值进行对比，就能确认了。

哈希函数也常用于区块链或电子签名等方面，为此而使用的哈希函数必须具备极高的安全性。哈希函数具有无法根据哈希值来推测或还原出原数据的性质。并且，要找到一个能输出同一哈希值的其他数据也非常困难。

关键词

哈希函数 / 区块链 / 电子签名 / 篡改 / 输出值 / 输入值

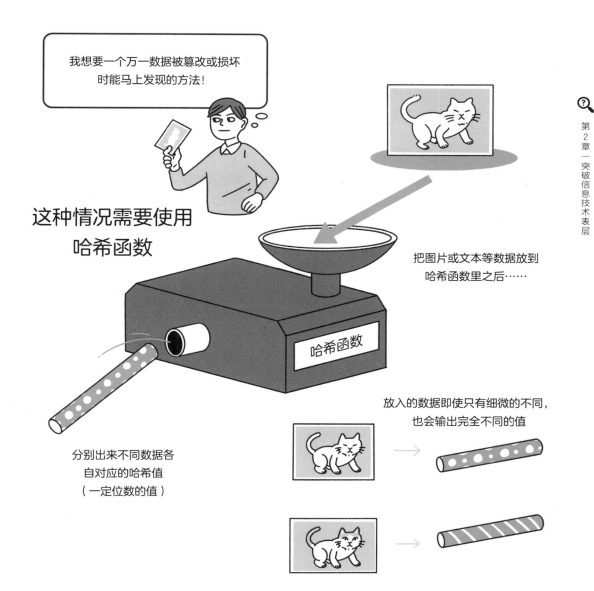

这种情况需要使用
哈希函数

把图片或文本等数据放到
哈希函数里之后……

哈希函数

分别出来不同数据各
自对应的哈希值
（一定位数的值）

放入的数据即使只有细微的不同，
也会输出完全不同的值

术语
63

防火墙
网络安全的屏障

正如在现实世界里存在一些非法侵入管制区域做坏事的人那样，在计算机或网络上也存在不怀好意地进入系统或账号的本不具备使用权限的人。防范这种非法侵入的安全屏障就是防火墙。

有时会有一些不怀好意的人尝试非法进入连接在互联网上的局域网（组建在家庭或公司内部等的小型网络）里。一旦被非法进入，就会造成信息被盗取、篡改或者破坏，使整个局域网遭受到非常大的损害。为防止这种非法行为，便采用叫作防火墙的安全屏障来把局域网和广域网（外网）分隔开，监视出入的数据。

防火墙只会让正常的数据通过，一旦发现非法数据便会把它们拦截下来以防止遭受损害。防火墙的名称来自使用于建筑物上的"具有防火功能的墙壁"。

用于个人电脑或家庭内部的局域网等抵御非法侵入的安全软件称为个人防火墙。比如在Windows 10里一律内置了的Windows Defender防火墙。

关键词
非法进入 / 防火墙 / 安全软件 / 个人防火墙

保护信息或网络不受恶意攻击的防火墙

第3章

信息技术给社会带来的变化

信息技术的发展有可能给社会的组织构成带来巨大的变革。
互联网巨头的出现，使世界形势发生了很大变化，
共享经济作为新生代的商业模式不断取得成功。
采用远程办公能更有效地利用时间和空间。
本章给各位介绍信息技术给社会带来的变化。

信息系统

没有信息技术就无法正常运转的社会

利用计算机来交互信息的技术称为信息技术（Information Technology，IT）。在这技术上再加上通信技术就成了信息通信技术（Information and Communication Technology，ICT）。

　　利用信息技术所构建的信息系统应用于日常生活的方方面面。常见的有公司的客户管理系统，商店里的库存管理系统，只需一张卡片就能乘车也能购物的交通 IC 卡系统，支付一定金额就能观看想看的视频内容的 VOD（视频点播）系统，保证交通道路安全且通畅的系统以及水管、燃气管道、管理电量稳定供给的系统等。

　　能使用智能手机来享受各种服务，也正是因为在这许多服务的背后有信息系统的支持。我们的日常生活因为信息技术变得越来越便利，另一方面，一旦信息技术无法使用，我们的日常生活会立即陷入窘境。

　　信息技术对我们的日常生活来说已经不可或缺了。

关键词

信息系统 / IT / ICT / 客户管理系统 / 库存管理系统 / 交通 IC 卡 / VOD

在云端服务器里管理数据

更自由自在的
工作方式

在街道上空飞翔的无人机

坐在家里通过 VR
眼镜和朋友
逛涉谷

通过检票口，马
上就能乘车

信息技术像一张大网一样
覆盖到日常生活的方方面面

移动信息化

随着移动终端的普及带来的变化

使用信息技术的主力军发生了很大变化，从只能固定在桌面上使用的台式电脑变成了能在移动过程中使用的移动终端。随着移动终端的发展以及适用范围的扩大，网络服务或软件开发等都逐渐以面向移动终端上的使用为第一目标。

移动终端是指可随身携带使用的智能手机或平板电脑等电子设备。原来必须在电脑上做的事，现在在移动终端上也能做，没有个人电脑只有智能手机的人也增多了。移动终端凭借着通过 GPS 和传感器来获取信息的方式，使得唯有用这类设备才能做的事情越来越多。伴随着这种现象的发生，企业的经济活动或消费者的行为也开始把移动终端上的使用作为首选，

这都是移动信息化带来的变化。

移动信息化的流程之一是优先考虑移动终端上的使用，即所谓"移动优先"的思路。过去均以个人电脑上的使用作为首要目标来进行软件开发，移动终端的使用只是次要目标，而随着移动信息化，开始同时开发个人电脑版和移动终端版的软件，有时候甚至智能手机的应用软件优先于电脑版软件进行开发。

关键词
台式电脑／移动终端／智能手机／平板电脑／移动信息化／移动优先

移动信息化改变了工作流程

上班途中，在云端服务器
上确认今天公司会议报告
时所需要的资料

发现资料中的错误，当场修改并
提前分享给业务伙伴

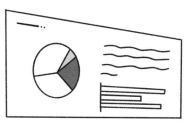

规避问题，会议报告
一帆风顺！

互联网巨头

信息技术行业的天王

在本部位于美国的巨型信息技术企业中，成长尤其迅速的四家企业是谷歌公司（Google）、苹果公司（Apple）、脸书公司（Facebook）和亚马逊公司（Amazon）。这四家企业分别在各自的领域里独占鳌头，拥有非常巨大的社会影响力，被称为互联网巨头。

很多人经常手持苹果手机走在街头，在谷歌上查询信息，通过脸书和朋友交流，或在亚马逊网站上购物。即便并不完全符合每个人的习惯，但各位总会对其中几项有印象吧。由此可见互联网巨头所提供的商品和服务已经成了人们社会生活中必不可少的基础。正是因为它们提供了这样的社会生活基础，所以这些互联网巨头被称为平台型企业或者平台提供商。

互联网巨头一方面给人们提供免费便利的服务，另一方面也通过这些服务获取了大量的个人信息。它们通过把这些获取到的个人信息用于商业，赚取更大的利益，因此也产生了一些从维护个人信息以及隐私保护等方面观点出发的、管制互联网巨头的行动。此外，追随互联网巨头脚步的企业也不在少数，它们也正在日益壮大。

关键词

谷歌 / 苹果 / 脸书 / 亚马逊 / 互联网巨头 / 平台型企业 / 平台提供商

21 世纪新世界里的互联网巨头

（"搜索引擎和广告业的贵公子"）
谷歌公司

（"终端设备的霸王"）
苹果公司

（流通之王）
亚马逊公司

（"社交网络的老大"）
脸书公司

奈飞公司

微软公司

互联网巨头

腾讯公司

相互竞争的
新势力

阿里巴巴公司

等等……

STEM、STEAM

培养对未来有用的人才

STEM 是用 Science（科学）、Technology（技术）、Engineering（工程）、Mathematics（数学）的首字母创造出来的一个新词。它代表着有助于信息技术人才培养的理工科方面的教育。在美国的实际教育过程中诞生出了这个模式。此外也有在 STEM 中加入了 Art（艺术）的，于是便成了 STEAM。

理工科方面的教育受到了越来越多的关注。近年来信息技术等理工科领域的技术发展势头迅猛，在其地位日益提高的背景下，预计将来这些领域的人才需求会非常高。另外也有人主张在 STEM 中加入启发创造力的 Art（艺术），并将 STEAM 作为教育重点。

2018 年 6 月，日本的文部科学省和经济产业省提出了关于 STEAM 教育之必要性的倡议。他们认为 Art 一词不仅指设计和艺术，也应该代表着人文科学和社会科学等所有文科知识。

在以 STEAM 为重点，同时进行基础学习的过程中，把提高解决问题的能力、想象力和创造力作为主题，我们需要综合运用文理科知识。

关键词

科学 / 技术 / 工程 / 数学 / 信息技术人才 / STEM / STEAM / 艺术 / 想象力 / 创造力

STEAM 教育时代到来

Science（科学）

Technology（技术）

Art（艺术 / 人文科学 / 社会科学等）

Engineering（工程）

Mathematics（数学）

$a^2 + b^2 = c^2$

$S = 4\pi r^2$

$V = \frac{4}{3}\pi r^3$

$(x+y)(x-y)$

2 3 5 7 11 13...

$y = ax^2 + bx + c$

加拉帕戈斯现象

在日本称雄一方，在世界上却孤立无援

技术和服务等在某个市场范围内，只按照该市场的特点独立发展壮大起来，结果导致在全球市场上失去竞争力的状态，被称为加拉帕戈斯现象。这一名称比拟了加拉帕戈斯群岛由于不受其他地域的影响，而独立进化出了该地区所特有的生态系统的现象。

21 世纪初，日本产的移动电话为了打赢日本国内市场竞争，逐渐给移动电话内置了越来越多的新功能和服务，完成了在日本市场的独立发展。日本产的移动电话具备诸如数字移动电视、来电铃声、手机钱包、红外线传输和颜文字等功能，一部接一部性能更加优异的移动电话不断出现在市场上。

但这种发展并未能切合全球市场的需求，使得日本产的移动电话无法在全球市场份额中占领一席之地。于是把这类发展成了只适合日本国内市场的移动电话比作加拉帕戈斯群岛上的生态系统，称这样的移动电话为加拉帕戈斯手机，简称加拉机。

由此，但凡一个国家的工业制品、规格标准、生活习惯等脱离了世界主流或落后于世界标准，成了仅适用于该国的产品或规格的现象，都称为加拉帕戈斯现象。

关键词

加拉帕戈斯现象／加拉帕戈斯群岛／加拉帕戈斯手机／加拉机／来电铃声／数字移动电视／手机钱包

数字鸿沟

会使用和不会使用信息技术的人之间产生的差距

一方面，信息技术发展带来了各种便利，另一方面，会使用和不会使用信息技术的人之间产生了一条经济和社会方面的鸿沟，这条鸿沟就叫作数字鸿沟。产生数字鸿沟的原因有很多，比如经济能力、生活工作的环境以及信息技术技能等。

要享受到信息技术发展带来的便利，就必须掌握操作信息技术设备的技能，并且拥有购置高性能计算机的财力以及能高速访问互联网的环境等。要掌握不断变化发展的技术和服务，学习热情和学习能力也是必不可少的。但如果既没有技能也没有财力，同时，访问互联网的环境又不完善，而且还缺乏学习热情的话，就无法享受利用信息技术能得到的便利和好处了。

于是这两种人之间的数字鸿沟就产生了。

这种数字鸿沟，既有被称为数字原生代的年轻人和不习惯使用数字设备的老年人之间的年龄所产生的差距，也有居住在城市等访问互联网的环境完善的地方的人和生活在该环境不完善的地方的人之间的差距。

有时会因在互联网上信息收集能力的不同造成就业机会的差异，从而导致收入上的差距。

关键词
数字鸿沟／经济和社会差距／数字原生代／访问互联网的环境／信息收集能力

虽然如今能马上获取各种信息，但获取的信息并不平等

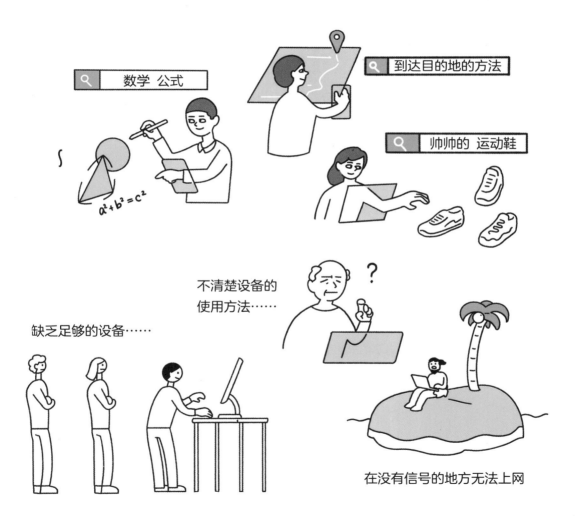

社交网络

沟通方式就此改变

社交网络是构建社会联系的互联网平台。通过社交网络能和朋友共享信息并进行交流。代表性的社交网络有脸书（Facebook）、推特（Twitter）、Instagram 和 LINE 等。

为了和朋友或熟人取得联系，或者传达日常琐事和自己的想法，理所当然地会选择使用社交网络，而不是信件、电话和电子邮件等方式。公司或商店为广告宣传等发布信息时也会选择社交网络。

必须实名登录的脸书不但有诸如发布近况、点赞功能以及撰写评论等各种分享信息的组件，还可以基于个人简介里的信息寻找现实生活中的朋友或熟人。

推特则便于发布一些小短文，借助转发功能，信息非常容易传播。或者使用以 # 开头的信息就能十分便利地进行搜索等操作。

Instagram 用于发布照片，LINE 能用来免费通话或称为在线聊天，凡此种种，各种社交网络都有其擅长的领域。

借助社交网络来进行沟通已经变得非常普遍

也有一些人不使用社交网络

网上购物

在渗透到社会方方面面的网络上购物

在网上购物，无须踏足实体店铺就能买东西，而且商品种类丰富，能比价选择。但另一方面，有时也会发生支付了货款，商品却没送到，或者收到了假货等麻烦情况。

购物网站的形式不一。有像亚马逊那样贩卖各种商品和服务的网站，也有像 ZOZOTOWN 那样专门出售特定领域里的商品和服务的网站。此外还有像乐天市场或 Yahoo 购物那样，运营公司给各家网店提供贩卖平台的商城型网站。在商城型网站上由于会提供购物卡等支付方式，或熟悉顾客喜好等市场营销功能，所以开店门槛降低了。

在网上购物，有时能入手在实体店铺里很难买到的小众产品，或者稀有商品。而与这种种便利相对的，是会有以欺诈为目的的不良商家来开网店。此外，虽然商品的口碑或者商品评论能成为选购商品时的参考，但有时在好评中也会存在一些商家捏造出来的虚假评论。

关键词

网上购物／亚马逊／ ZOZOTOWN ／乐天市场／ Yahoo 购物／网店

在网上购物，能够买到各种各样的东西

网上拍卖

轻松转卖不需要的物品

网上拍卖或网上二手交易市场作为能够贩卖个人不需要的物品的平台登场亮相。网上拍卖是出价最高的人竞买到物品。近些年，网上二手交易市场人气高涨，它是由卖方设置固定金额，想要买的人以先到先得的方式进行购买。

无论是网上拍卖还是网上二手交易市场，都是互联网上电子商务（Electronic Commerce, EC）的一种形式。

1999年，提供网上拍卖服务的雅虎拍卖开始上线，最初它是以个人之间的交易（C2C，C代表Customer）为主。如今一些企业等也能参加拍卖，于是它也成了企业和个人之间交易（B2C，B代表Business）的平台。

2013年，网上二手交易市场的平台Mercari推出了面向智能手机的应用软件。通过该款软件，只需用智能手机的相机功能拍下想卖的物品就能直接上架出售，十分方便易用。

尽管网上拍卖、网上二手交易市场为个人之间的交易提供了便利，但产生问题或纠纷时基本上得由双方当事人自行协商解决。因此在交易时务必得留意卖家所出售的商品是否是假冒伪劣商品甚至赃物。此外，高价转卖人气商品或稀缺商品的交易等，也容易产生纠纷。

关键词
网上拍卖／网上二手交易市场／EC／雅虎拍卖／C2C／B2C／Mercari

只用网络，就可以把不需要的物品换成钱

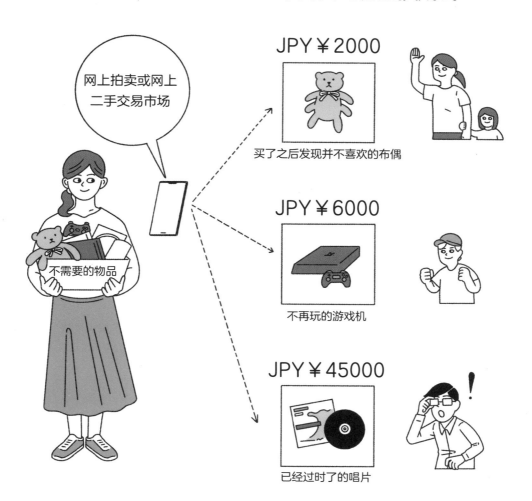

共享经济

将所有闲置资源变成租借对象

通过互联网，把自己的闲置资源给他人使用，从而获取报酬的经济模式叫作共享经济。属于共享经济的服务包括提供民宿服务的爱彼迎（Airbnb）、乘车共享服务的优步（Uber）等。

空间、交通工具、物品乃至技能等各种事物都可以分享（共享）。

在共享经济中，由服务提供商提供匹配"想出租的人"和"想借入的人"的中介应用软件或网站。

分享空间的服务里包括民宿。

分享交通工具的服务里包括共享汽车、顺风车、共享单车。还有像UberEats那样利用间隙时间送餐的服务也属于这一类。

此外，服装等物品，以及家务代理这样的能力，也都可以共享。

在共享经济中，使用者之间大多不会直接进行金钱交易，而是由服务提供商提供支付方式，以此来避免产生纠纷。

关键词

共享经济／爱彼迎／优步／民宿／共享汽车／顺风车／共享单车

偶尔想活动下身体

只想周末时间使用

骑单车是我的爱好

工作日上下班使用

购物时使用

突发情况时使用

想白天工作时使用

解决买车后所发生的
保养费用和停车费用的
新方式

术语 74

RFID

在令人意想不到的地方应用的信息技术

射频识别（Radio Frequency IDentification，RFID）是指利用读卡器读取储存在标签里的信息的技术。由于这项技术在物体之间不发生接触时就能使用，因此只需把内置了 IC 芯片等元器件的标签靠近读卡器就可以实现信息交换。

RFID 技术的应用实例之一是交通 IC 卡。只要把交通 IC 卡放在检票闸机的读卡器上方就能完成检票。此外，在制造、物流、销售过程中的货物管理等方面也广泛采用了 RFID 技术。

像 FeliCa 这样的非接触式 IC 卡，从广义上来说也属于 RFID 技术的一种应用。标签中内置电池的类型称为有源型，未内置电池的称为无源型，无源型的卡片从读卡器发出的电磁波获取能量。

同样可以使用读卡器读取的还有条形码。

虽然条形码在读取时必须逐个进行，而 RFID 技术抗干扰能力强，只要是无线电波能到达的范围都能读取，所以它可以数个标签一起读取，或者物品处于打包状态时也能读取。另外，RFID 标签中能够存储大量信息，因此也可以进行信息的录入。

关键词

RFID ／读卡器／ IC 芯片／有源型／无源型／条形码／ RFID 标签

RFID 技术广泛应用于各种场合

因为价格标牌里
植入了 RFID 标签，
所以能够一下子
读取所有信息

物联网

让万物互联

物联网（Internet of Things，IoT）通过将各种各样的物体连接到网络，使物与物、物与人以及物与云端服务器之间的信息交换成为可能，从而产生新的附加价值。

随着传感器和网络技术的发展，各种各样的硬件（设备）得以连接到网络上来进行使用。经由网络便能收集搭载于硬件上的传感器或摄像头所获取到的数据，再把这些数据经过分析后用于各种用途。

物联网的用途很多，既能用来分析人和设备的状态，也能用来推断最合适的环境，还能用来预测行为等。此外，能够远程控制硬件设备也是它的特征之一。

比如当将它用于空调、冰箱或扫地机器人等家用电器上时，能够分析它们的工作状态并把结果反馈给人，或者人不在家时也能下达电源开 / 关等指令。

把汽车像个人电脑或智能手机那样作为信息终端设备来使用的智能网联汽车也是物联网技术的一种应用。

关键词

物联网 / 云端服务器 / 硬件 / 扫地机器人 / 传感器 / 摄像头 / 智能网联汽车

物联网将大大改变产业现状和我们的日常生活

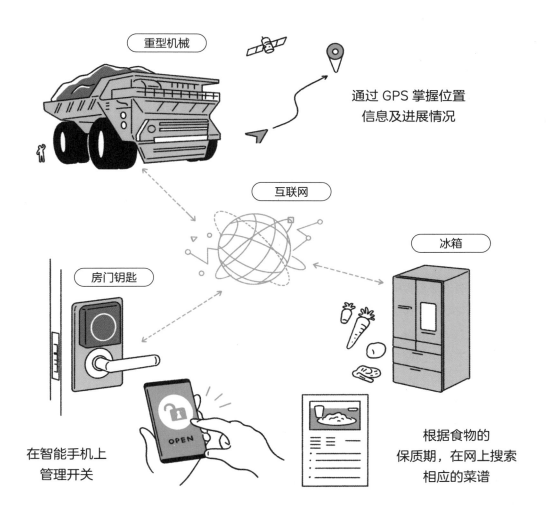

重型机械

通过 GPS 掌握位置
信息及进展情况

互联网

冰箱

房门钥匙

在智能手机上
管理开关

根据食物的
保质期，在网上搜索
相应的菜谱

LPWA、5G

支持物联网的新型移动通信技术

随着物联网的普及，连接到包括互联网在内的网络上的设备数量不断增多。无数收发少量数据的小型设备被用作物联网的无线通信，这是低功耗实现远距离无线信号传输的低功耗广域技术（LPWA）。

物联网使用大量设备各自收发少量数据进行通信。大多数的设备都是小型且借助电池来驱动，从而不受有无电源的限制。根据使用方式的不同，有的通信距离甚至能达到数千米。这种适用于物联网的通信技术就是低功耗广域技术（Low Power Wide Area，LPWA）。它低功耗，数年不必更换设备电池，能进行相隔数百米甚至数千米的广域通信，且成本低。

在 LTE 或 LTE-Advanced 等 4G（第四代移动通信技术）之后是新一代的 5G（第五代移动通信技术）。超高速、高可靠性、低延时且大量设备能同时通信的 5G，其普及和发展让人特别期待。

5G 会应用到各个领域，其中也包括物联网方面的应用。

关键词

物联网 / LPWA / 低功耗 / 广域通信 / 通信技术 / LTE / LTE-Advanced / 4G / 5G

各种通信技术不断出现

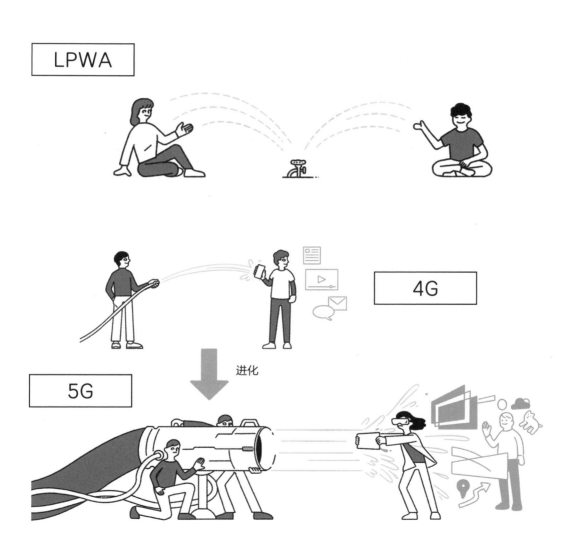

LPWA

4G

5G

进化

无人机

"代替人类在空中飞行"的不载人飞机

一般，使用遥控器就能远程控制其飞行的不载人飞机叫作无人机。除此之外，也有根据预先编入的程序自主飞行的无人机。无人机的用途十分广泛，其中最典型的用途是搭载摄像头进行航拍。

无人机最初是基于军事用途，作为无人攻击机或无人侦察机等而开发的。一般说起无人机，大多是指拥有数片螺旋桨叶片的多轴直升机（直升机的一种，拥有数个旋翼），但也有用来搬运货物的大型无人机和竹蜻蜓式的超小型无人机等。

为了让无人机飞起来，使用了诸如超声波传感器、气压传感器、陀螺仪、GPS、硅整流二极管天线（天线的一种）等多种元器件和设备以及人工智能技术。使用智能手机来操纵无人机时，通过Wi-Fi或蓝牙（Bluetooth）来连接。

无人机有望代替人类来完成一些人类无法完成的工作。它不仅可以用来航拍、空中播撒农药或肥料、在危险的地方检查设备或建筑物等，在部分地区，无人机快递服务也正在进行中。另外，作为娱乐用途的无人机也有很多。

关键词

无人机／超声波传感器／气压传感器／陀螺仪／硅整流二极管天线

也能使用缆绳搭起一座桥

使用无人机快递

无人机广泛用于各种用途

还可用于体育娱乐活动

3D 打印

"打印"三维物体的机器

在家里或办公室里使用的打印机，通常都是在打印纸上打印平面图像的。平面，就是指长度 × 宽度的二维（2D）物体。与之相对的 3D 打印，正如字面意思那样，是打印三维物体的，即打印出来的物体是具有长度 × 宽度 × 高度的三维物体。

普通的打印机使用的是液体墨水，而 3D 打印机是用树脂代替了传统的墨水，从喷头喷出极细的树脂，再用紫外线等照射使其硬化，从而制作成型。此外，借助热使树脂成型，或者借助激光燃烧粉末来使物体成型等各种打印方式也已投入实际应用。

3D 打印的优点之一是能够制作出普通设备难以制作的中空构造(内部有空洞的构造)物体。

此外，由于不需要模具，因此适用于少量生产或单件生产，只需规模很小的设备就能完成工作也是它的优点。

举一个实用的例子，医疗领域里用 3D 打印制作人造骨骼或假牙等。由于骨骼的形状因人而异，因此对精度要求很高，而有了 3D 打印技术，就有望制作出传统加工技术难以制作的骨骼了。

关键词

3D 打印 / 三维 / 墨水 / 喷头 / 树脂 / 成型 / 激光 / 中空构造 / 模具 / 少量生产 / 单件生产

让世界焕然一新的 3D 打印革命

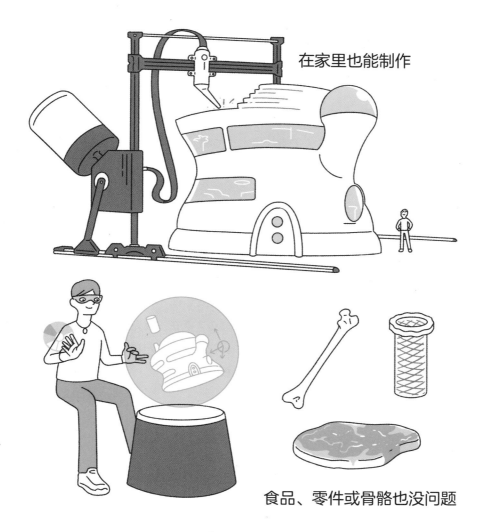

在家里也能制作

食品、零件或骨骼也没问题

术语
79

服务机器人
引入人工智能技术的智能工作机器人

用于制造行业的机器人称为工业机器人，与之相对，在服务行业工作的机器人则称为服务机器人。融合了不断发展的人工智能技术、能和人对话或自主行走的机器人也已经开发并投入实际应用。

所谓服务机器人，是指在家庭、疗养院、商务大楼或公共场所等为人提供各种服务的机器人。

这类机器人担任着大楼里的警卫或向导、宾馆的接待、疗养院的护理助理等职务，具有能和人对话的沟通能力以及自主行走、搬运物体等功能。它们可以根据情况的变化灵活应对，通过传感器感知人类的语言和物体的状态，通过人工智能技术来判断做出最合适的动作。

科幻小说作家艾萨克·阿西莫夫在他的作品中提出了在人类社会中的机器人应当遵守的三大定律：①不得伤害人类。②必须服从人类的命令。③在不违背上述两条定律的前提下保护自己。这三大定律在机器人开发领域也受到了极大的重视。

关键词
工业机器人 / 服务机器人 / 传感器 / 艾萨克·阿西莫夫 / 机器人三大定律

切身感受到机器人的存在

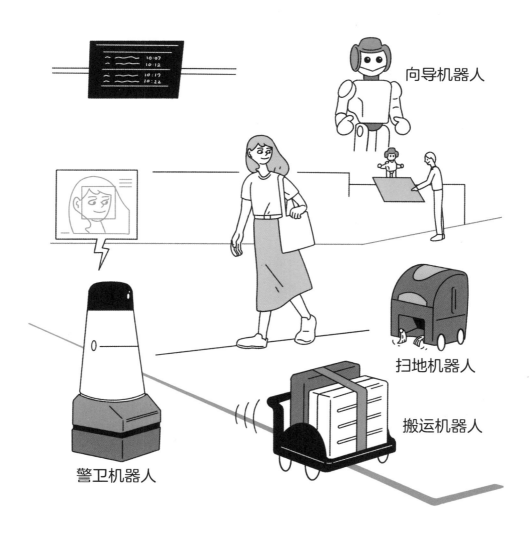

向导机器人

扫地机器人

搬运机器人

警卫机器人

远程办公

随着信息技术的发展而进化出来的工作方式

利用信息技术，可以不受时间或场所的限制，随时随地根据自身的情况进行工作。虽然之前就存在远程办公的工作方式，但随着网络和智能手机等的发展，为应对少子化、老龄化或为实现工作生活平衡等目的，越来越多的企业采用了这一工作方式。

所谓远程办公（telework），是把表示远程的"远距离"（tele）和表示办公的"工作"（work）合并到一起组成的一个词。在家工作当然属于一种远程办公，而会见客户或在路途中使用移动终端工作也属于远程办公。此外，在远离公司总部的地方设立的卫星办公室里工作也是一种远程办公。

采用了远程办公之后，因怀孕、带孩子、照顾病人或老人而一时无法到公司报到的人也能继续工作，并且还能节省上下班路上的时间和及时应对客户等，因此这种工作方式备受期待。

另一方面，在引入这种工作方式时，有一些事项应事先明确规定并协商好，比如工作时间的管理、如何进行工作评价以及通信费或电费等经费的承担等。现在，在一些大型企业里，远程办公的引入已经取得了相当大的进展。

关键词

远程办公 / 网络 / 移动终端 / 工作生活平衡 / 卫星办公室

在远离公司的家里

即使在国外也没问题

视频会议和远程办公都是因信息
技术而进化出来的一种工作方式

RPA
将常规工作自动化

机器人流程自动化（Robot ic Process Automation，RPA）是指借助软件机器人使常规工作自动化，提高工作效率的一种应用程序。就像工厂里的工业机器人代替蓝领工人进行体力劳动一样，RPA以软件的形式代替白领工人在计算机上完成工作。

在白领工人使用计算机进行的工作中，有很多按一定顺序进行操作、格式固定的文件制作等常规工作。虽然借助Excel等办公软件里的宏功能也可以使工作流程自动化，但如果按一定的工作流程（作业顺序）使用多个应用软件实现自动化，就必须得有能够跨应用程序工作的程序了。

RPA通过让软件机器人记住计算机上的一系列操作来实现作业自动化，提高工作效率。

RPA里采用了即使不懂编程等知识的人也能够顺利使用的专用工具。由于采用图形用户界面（Graphical User Interface，GUI），对信息技术相关知识不熟悉的人也能轻松使用，因此它所适用的职业种类非常广泛。

关键词
RPA / 常规工作 / Excel / 宏功能 / 工作流程 / GUI

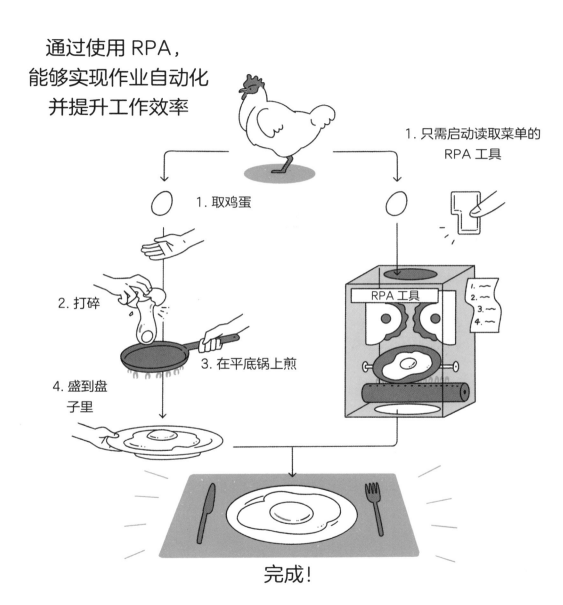

通过使用RPA，
能够实现作业自动化
并提升工作效率

1. 只需启动读取菜单的
   RPA 工具

1. 取鸡蛋

2. 打碎

3. 在平底锅上煎

RPA 工具

1. ～
2. ～
3. ～
4. ～

4. 盛到盘
   子里

完成！

第 4 章

信息技术与人工智能

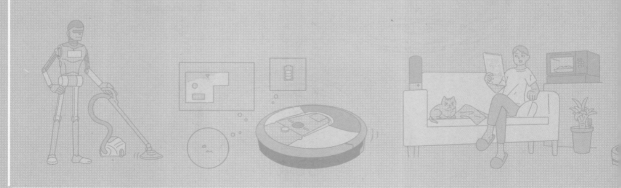

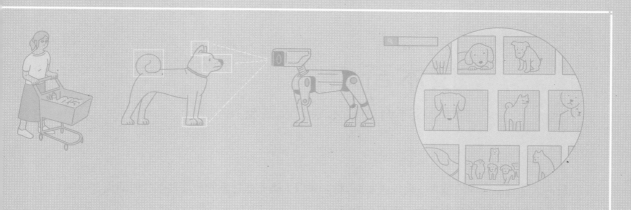

人工智能的出现将会大大促进人类社会的变革。

大数据和深度学习推进了人工智能的实用化，

人工智能家电或机器人等的出现，说明人工智能的应用范围不断扩大。

只在幻想世界中登场的人形机器人也正慢慢走进现实。

本章给大家介绍近年来发展势头迅猛的人工智能技术。

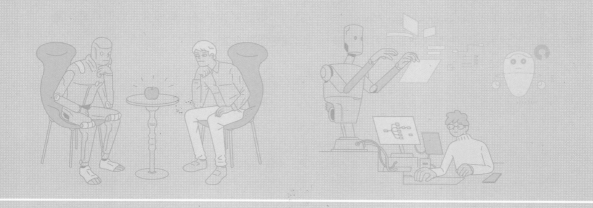

技术奇点

信息技术开始以无限的速度发展

包括人工智能在内的技术一旦急速发展，将迎来以人类无法想象的速度发展的时间点。这个时间点就称为技术奇点，或简称为奇点。

所谓奇点，是一个在数学和物理领域里都会使用的词汇，是指普通标准不再适用的一个时间或空间上的点。比如，引力奇点就是指一个现有物理学定律不再适用的点。

美国未来学家雷·库兹韦尔在他 2005 年出版的《奇点临近》（The Singularity is Near）一书中预言，技术开始以无限大的速度发展的技术奇点将在 2045 年到来。

最近几年里，人工智能迎来了第三次发展浪潮，深度学习走向了实用化，越来越多的人开始谈论关于"人工智能的能力是否有可能超越人类智力"的话题。与此同时，奇点问题也受到了相当多的关注，有很多人对奇点真的会出现持怀疑态度。

关键词

人工智能 / 技术奇点 / 奇点 / 雷·库兹韦尔 / 深度学习

人工智能超越人类的
那一天会到来吗?

大数据

日益增长的大量数据信息

随着互联网和计算机的使用，每天都会产生大量的数据信息，这些海量信息就被称为大数据。由于包括计算机在内的各种技术的发展，对大数据进行分析识别得以实现。

在大数据这一概念诞生之前，数据分析以数据库为主。数据库里的数据是经过整理的，要构建一个数据库必须投入相应的成本（精力和时间等）。

以前要整理诸如社交平台上所发布的内容、网站以及博客里的信息等日益积累的大量数据信息非常困难，无法进行分析利用，但随着计算机性能的提升，使分析这些数据成为可能。通过这种分析，能找到一直以来未被发现的数据间的关联性、倾向性或者数据的模式，从而创造出全新的价值。今后，物联网一旦得到普及，由传感器等产生的数据将使大数据得到更进一步的积累。

大数据的特征可以用三个 V 来表示，分别是数据的量（Volume）、数据的类型（Variety）和数据的处理速度（Velocity）。其中任何一个（或多个）的值极高的数据，都属于大数据。

关键词
大数据 / 数据库 / 网站 / 博客 / 物联网 / 传感器

分析利用大数据将产生巨大的市场需求

数据库

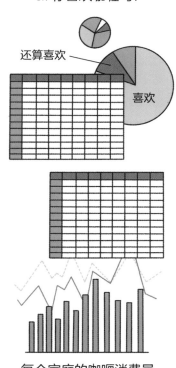

Q. 你喜欢咖喱吗?

还算喜欢

喜欢

每个家庭的咖喱消费量

大数据

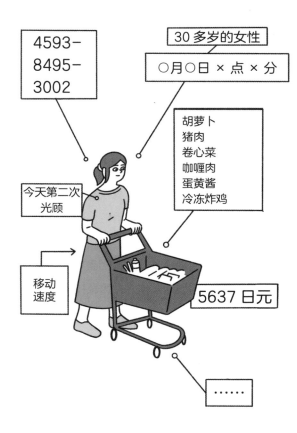

4593-8495-3002

30 多岁的女性

○月○日 × 点 × 分

胡萝卜
猪肉
卷心菜
咖喱肉
蛋黄酱
冷冻炸鸡

今天第二次光顾

移动速度

5637 日元

……

人工智能

处于第三次发展高潮的人工智能到底可以做些什么?

人工智能（Artificial Intelligence，AI）是解释和模拟人类智能、智能行为及其规律的学科。对它的研究于 20 世纪 50 年代开始，之后反复经历了两次发展高潮，如今正处于第三次发展高潮。

人工智能的第一次发展高潮是从 1956 年在美国达特茅斯学院举办的以人工智能为主题的学术会议开始的。第二次发展高潮发生在 20 世纪 80 年代，专家系统趋于实用。这次高潮最终因研究成果和技术方面的限制而消退，进入第二次低谷。

始于 21 世纪初的第三次发展高潮是在计算机及网络等信息技术飞速发展、大数据技术得到普及、机器学习获得了商业化应用和实现了深度学习等背景下发展起来的。2012 年，美国的人工智能在没有教授其"猫"的特征的情况下，通过自主学习（深度学习），从大量的图像中成功识别出了"猫"。2016 年，阿尔法围棋（AlphaGo）在同韩国职业围棋手的对决中胜出。在图像识别、游戏等的演绎推理方面，自然语言理解的文本理解或语音理解等方面都可以见到人工智能的身影。

关键词

人工智能 / 发展高潮 / 达特茅斯学院 / AlphaGo / 图像识别 / 演绎推理 / 自然语言理解

像人类一样思考的人工智能是什么样的呢？

深度学习

人工智能急速成长的动力来源

当代人工智能的特征是机器学习和深度学习。机器学习是指在计算机上实现和人类学习知识相同的功能。而深度学习属于机器学习的一个分支，它采用了模拟人脑结构的人工神经网络。

所谓机器学习，是指计算机通过对数据、事实或自身经验的自动分析和综合获取知识的过程。处理的数据和事实越多，学习效率就越高。

深度学习是机器学习进一步发展的产物。机器学习在看到图像并判断它是否是"狗"的时候，需要人类事先给它输入狗的外部特征（耳朵或脸的形状、尾巴的形状、身体的大小等）

等相关数据，但深度学习会由计算机自行发现"狗"的特征并做出判断。它采用了人工神经网络。

人工神经网络是模拟人脑结构的系统。大脑为传递信息而生成的连接结构叫作突触，随着不断学习，突触的连接强度会发生变化。由此便能在解答问题时找到最合适的解（答案）。

关键词

机器学习／深度学习／人工神经网络／突触

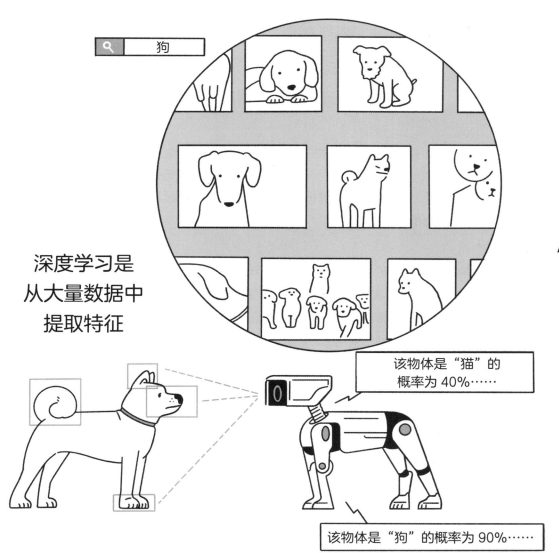

智能家电

说起我们身边的人工智能产品，非它莫属

对于普通用户而言，人工智能技术应用于身边的范例当属智能家电。应用了人工智能技术的智能家电能学习和判断使用者的状态，从而自动调整运行方式。我们常用的智能音箱是只用语音就能操控的计算机，它的智能助手会根据所理解到的和人类对话的内容，来判断做出何种反应。

在特定领域里发挥作用的人工智能技术称为专用人工智能。2016 年战胜韩国职业围棋手的阿尔法围棋（AlphaGo）就属于专用人工智能。专用人工智能已经实现了完全的商用化，智能家电就是其代表。

智能家电中的代表之一是扫地机器人。它能依据传感器获取的信息来判断房间里各个物体间的位置关系，并确定地面的形状，根据这些数据计算出最适宜的打扫方案。应用了人工

智能技术的智能空调能根据气候条件、室内温度和湿度等信息，自动切换到让使用者感到舒适的运行模式。

智能音箱也叫作智能扬声器，它是由内置其中的人工智能助手根据所识别到的声音来进行信息搜索、音乐播放、照明以及家电控制等工作的。在智能音箱 Amazon Echo 里内置着名为 Alexa 的人工智能助手，它甚至能根据语音对话的内容实现网上购物。

关键词

智能家电 / 智能音箱 / 人工智能助手 / 智能空调 / 智能扬声器 / Amazon Echo / Alexa

随着智能家电的登场，舒适感得到不断提升

智能机器人

人工智能产品进一步的发展前景

智能机器人是具有感知、规划、决策等能力，能够独立自主地工作和完成复杂任务的机器人。虽然"像人类一样"的机器人目前尚无法实现，但"像人类一样思考、动作"的机器人的相关研究从未停止，各种各样的智能机器人不断闪亮登场。

智能机器人活跃在看护、搬运、监测以及接待客人等各个领域，承担了一部分原本由人类进行的工作。如以实用为目标研发的无人驾驶汽车，使用了人工智能技术来代替人类进行"汽车驾驶"。从广义上来说，无人驾驶汽车也是一种机器人。

和在特定领域里发挥作用的专用人工智能相对，像人类一样，能自行在广泛的领域里寻找课题并自主学习的人工智能技术称为通用人工智能。在电影或漫画中出现的拯救人类危机的聪明的机器人（有时也会作为给人类带来麻烦的敌人出现）就属于一种应用了通用人工智能的机器人。

现在的智能机器人所应用的都是专用人工智能。通用人工智能的研究仍在进行中，但目前看离实现目标还很遥远。即便如此，我们仍然朝着遥远的未来一步一步地前进着。

关键词

智能机器人 / 无人驾驶汽车 / 专用人工智能 / 通用人工智能

bot
相当于没有实体的机器人

由人类来进行单调重复的作业会费时费力。在互联网上代替人类高效完成这类单调作业的是被称为 bot 的软件。因为它是没有实体（机械零件）的机器人（robot），所以简略为 bot。

bot 是互联网上会自动运行的应用软件或程序的总称。爬虫软件或聊天机器人都是商用 bot，此外也存在进行非法勾当的、属于恶意软件的 bot。

从互联网的网站上只获取需要的信息的 bot 称为爬虫软件或者蜘蛛程序。很多搜索引擎都使用了这种 bot。

聊天机器人是能像人一样、通过文字进行对话的 bot，多用于客户服务或者桌面支持等工作。它会遵从人类所制定的规则，从和它对话的人所输入的内容中找出关键词，再根据该关键词从数据库中选取合适的回答。有些聊天机器人导入了人工智能技术，就能进行更为自然的对话。如智能音箱能使用语音来实现和聊天机器人的对话。

关键词
bot／爬虫软件／聊天机器人／恶意软件／蜘蛛程序／客户服务／桌面支持

活跃在日常生活中的机器人

我制作了能在社交平台上每天发布"今日天气"的 bot！

有人贴心地告诉我每天的天气哦……

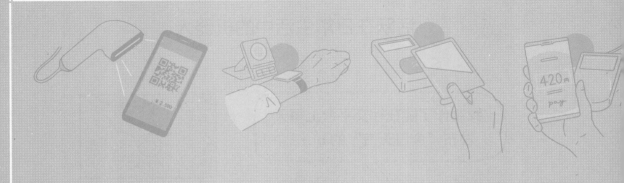

信息技术与金融

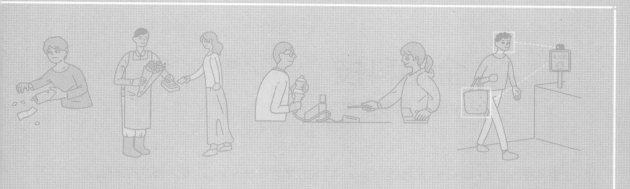

信息技术应用于各个领域及行业。

其中之一是金融行业。

在日常生活中，电子货币的使用替代了现金，

在便利店只需智能手机就能完成支付。

此外，还有异于传统货币的虚拟货币流通于世。

本章介绍信息技术与金融之间的关系。

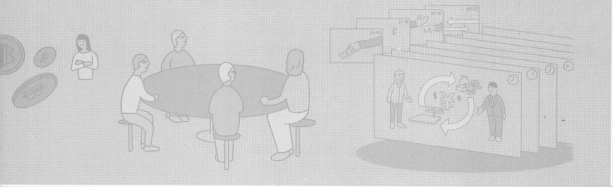

术语 89

金融科技

金融 + 信息技术

金融科技的英文 Fintech，是金融（Finance）和技术（Technology）结合而成的词汇。银行、保险、证券等金融服务中引入信息技术，致使全新概念的诞生，并进一步产生了创新型的产品和服务。

Tech 是技术（Technology）一词的缩写。近几年，以信息技术为主的技术在各个行业中的应用越来越广泛。金融科技就是这股潮流所带来的产物之一。

随着金融科技的出现，在现有的金融机构之外，又有众多商家涌入金融行业，从用户的角度看，就是陆续出现了各种"手续费便宜""手续办理迅速""使用方便"的金融产品以及服务。

就我们身边的例子来说，就有很多金融科技，比如仅凭借个人电脑或智能手机上的手续就能完成支付或转账的服务，能集中管理家庭预算或资产状况的账本应用软件，由人工智能来协助个人投资的机器人顾问服务以及在互联网上筹集资金的众筹等。

利用区块链所进行的虚拟货币交易也属于一种金融科技。

关键词
金融科技 / 金融 / 技术 / 机器人顾问 / 众筹 / 区块链

在金融世界里也能看到信息技术的身影

第 5 章 信息技术与金融

电子支付

不使用现金的付款方式

电子支付，顾名思义，即一种不使用现金的付款方式。信用卡支付、电子货币支付、二维码支付等都属于电子支付。和北欧及中国等电子支付普及的无现金国家相比，日本仍对现金有一种执念。

有了电子支付方式，消费者不用再随身携带现金，商家也不必再去管理现金。在无现金国家的中国，现金支付已经用得很少了。而在日本，尽管政府颁布政策来推进无现金化的发展，但仍有很多人对无现金支付没有安全感，导致普及工作举步维艰。

很早以前就在使用的信用卡支付、银行转账和预付费卡，在广义上也属于电子支付，如今更是有诸多应用，比如交通 IC 卡或使用智能手机的电子货币支付等。

最近，借助条形码或二维码，仅需智能手机就能扫码支付的方式比较普遍。

关键词
电子支付 / 信用卡支付 / 电子货币支付 / 二维码支付 / 无现金国家 / 扫码支付

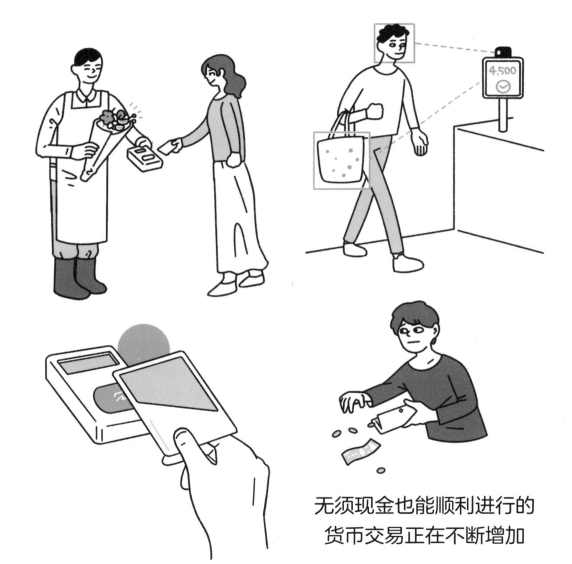

无须现金也能顺利进行的
货币交易正在不断增加

电子货币

替代现金的货币形式

电子货币是通过使用某些电子化方法进行交易的货币，如今交通 IC 卡或通用 IC 卡等以 IC 卡形式出现的电子货币的使用正不断增加。由于电子货币能留存记录，因此也有利于商家或企业利用它来进行营销。

主流的 IC 卡式电子货币采取事先充值的预付费方式。植入卡中的 IC 芯片（类似超小型计算机的元器件）能记录余额信息，进行计算并改写余额。因为其所记录的信息会被加密，所以不会被轻易改写。

IC 卡式电子货币由许多企业发行，其中主要是公共交通公司和零售分销商。用户从发行企业那里用现金兑换电子货币（实际为记录着电子货币信息的 IC 卡）。公共交通公司所发行的交通类电子货币有西瓜卡、PASMO 卡、ICOCA 卡等，由零售分销商发行的通用 IC 卡包括 nanaco 卡和 Edy 卡等。

要使用 IC 卡式电子货币，必须有能读取 IC 芯片信息的 IC 卡读卡器。

关键词

电子货币 / IC 卡 / IC 芯片 / 西瓜卡 / PASMO 卡 / ICOCA 卡 / nanaco 卡 / Edy 卡 / IC 卡读卡器

移动支付

只需移动设备就能支付的方式

使用移动设备进行支付的移动支付的应用范围正不断扩大。有些应用软件甚至集中了包括支付功能在内的积分卡、会员卡、优惠券等功能和服务。在商店里进行交易时，常用到 FeliCa（一种非接触式智能卡）和二维码。

移动支付（又称手机支付）的方式分为预支付和后支付两种。预支付是指事先通过信用卡等银行卡给应用软件充值，然后在充值金额的范围内进行支付。后支付是指在应用软件里录入信用卡信息，当支付完成后，再自动从信用卡里扣款。

选用叫作 FeliCa 的 IC 卡支付方式时，需要把移动设备放在 IC 卡读卡器上。这时即便移动设备没有开机，只要电池里还有电量就能直接成功付款。

扫描二维码或条形码的支付方式由于不需要专用的读卡器，因此便于商家引入，同时，使用者的移动设备也不需要有 IC 芯片。这种支付方式在中国率先普及，现在日本也在推广普及中。

关键词

移动支付／手机支付／FeliCa／二维码／充值／信用卡／条形码

移动支付正慢慢渗透到社会的方方面面

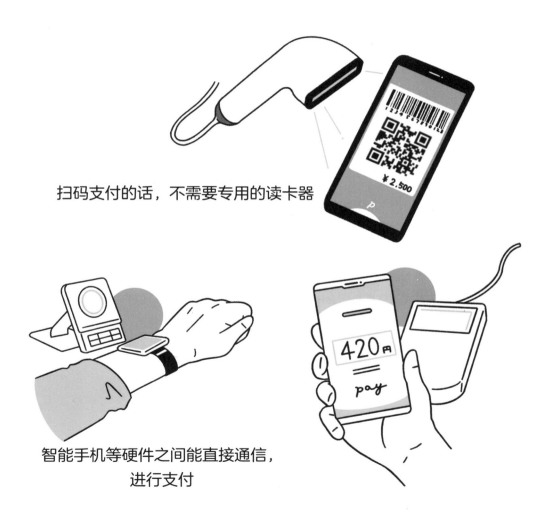

扫码支付的话，不需要专用的读卡器

智能手机等硬件之间能直接通信，
进行支付

虚拟货币（加密货币）

在互联网上流通的新型资产

所谓虚拟货币，是指在互联网上作为货币流通的非真实货币。这种货币虽然不像日元或美元那样作为货币受到国家对其的保护，但能凭借加密技术来保护这类资产，并且为了区别于法定货币，在法律上称其为加密货币。

作为虚拟货币（加密货币）而闻名的比特币诞生于一个叫作"中本聪"的人所发表的一篇论文，于 2009 年发行。比特币是在以 P2P 方式进行通信的分布式网络上管理相关数据的。P2P 是指点对点的通信方式。交易数据会由网络上参与交易的多台计算机验证，并记录在称为区块链的共享公共账本上。即在进行交易的各个用户的计算机上都共享、管理着区块链。

因此为防止交易数据被盗取或被恶意篡改，使用了加密技术。

除了比特币以外，还存在很多虚拟货币，称为代币（货币的替代品）。尽管虚拟货币是不受特定国家保护其价值的货币，但在某些情况下它也能兑换法定货币，或者像法定货币一样进行兑换、支付或转账等。

关键词

虚拟货币／交易数据／加密技术／法定货币／加密货币／中本聪／交易数据／代币

真实货币与虚拟货币

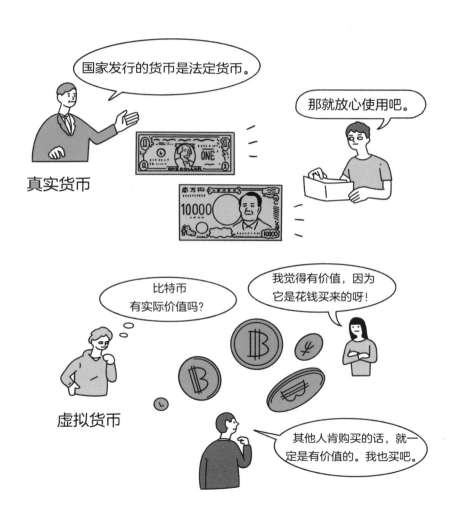

区块链

信息技术带来的新兴技术

区块链是指把互联网上发生的交易信息记录在叫作"区块"的分区里，并把这些区块按时间顺序连接而成的链式数据结构。它因为起源于比特币而备受关注。

为防止区块链里的数据被篡改，使用了叫作哈希函数的技术。哈希函数是一个从原始值中导出无规则且有固定长度数值（称为哈希值）的函数，它具有无法从哈希值推算出原始值的特性。在区块链里，会把前方区块里算得的哈希值一起保存到后方的区块里。由此当出现哈希值不一致的区块时，就能断定其为非法的区块。

分布式数据管理是区块链系统的特点之一。在银行等机构里是集中管理交易数据的，但在区块链系统里，是把所有的交易数据都记录在"账本"上，再由网络上参与交易的所有计算机共享这同一本"账本"。由此便能保证信息的可信度。区块链最大的特点是难以被篡改或复制，因此它有望应用到包括金融在内的各个领域中。

关键词

区块链／数据结构／比特币／哈希函数／分布式数据管理／交易数据／账本

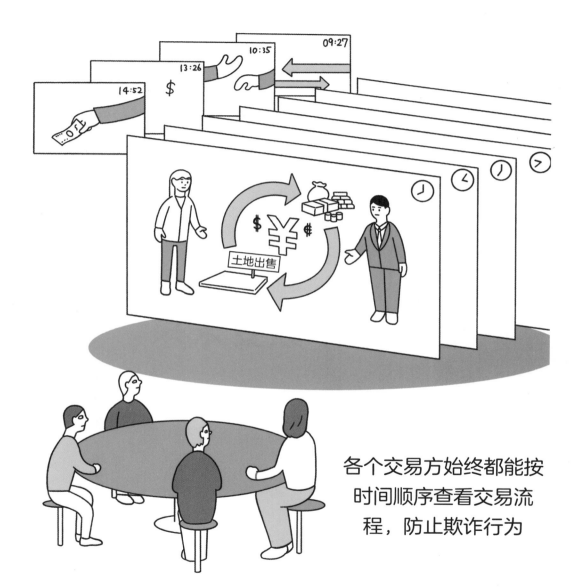

各个交易方始终都能按时间顺序查看交易流程，防止欺诈行为

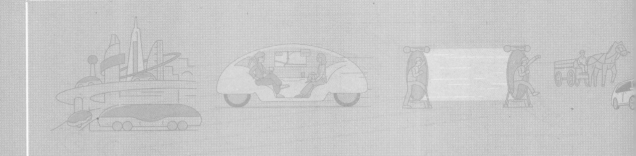

第 6 章

信息技术改变未来

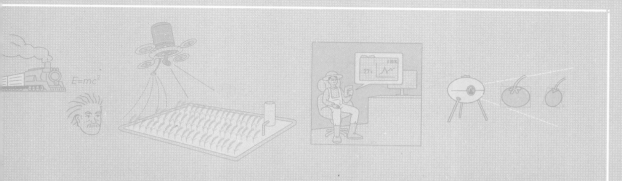

随着以信息技术为首的技术的发展和渗透，
世界发生了巨大的变化。
新技术的研究和开发不断在进行，
曾被认为不可能的未来世界的场景正越来越趋近现实生活。
凭借 VR 或 AR 技术能体验各种虚拟世界，
无人驾驶汽车奔驰在我们身边的日子也不再遥远。
本章介绍信息技术发展带来的各种可能性。

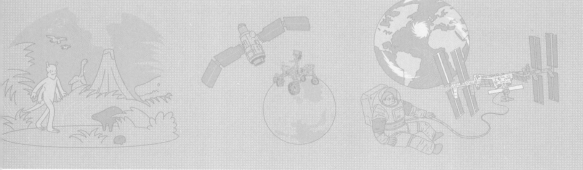

模式变革

随着信息技术的发展，社会也在变化

模式变革是指在某个时代或领域里，一直被认为理所当然的常识或思想以及价值观等发生巨大改变的现象。如今，云技术、大数据、物联网、人工智能等以信息技术为核心的技术发展，正在引发一场新的模式变革。

模式变革一词可用于多个方面。在历史上发生模式变革的事例有很多，比如始于 18 世纪后半叶的工业革命，它使产业结构彻底变革为以工业为核心的模式。

由于计算机和互联网技术的普及和发展，自 18 世纪后半叶开始的工业社会转变成了如今的信息社会，这也可以说是一种模式变革。

以 1995 年微软公司发售 Windows95 操作系统为契机，计算机和互联网成了人们日常生活中的事物。到了 2007 年，随着苹果公司研发的苹果手机的登场，人们的生活又开始以智能手机为中心。因此有人预测，人工智能和机器人技术的发展将会使一直以来由人类所从事的工作中的近半数实现自动化。预计今后还会发生各种各样的模式变革。

关键词

模式变革 / 云技术 / 大数据 / 信息社会 / Windows95 / 苹果手机

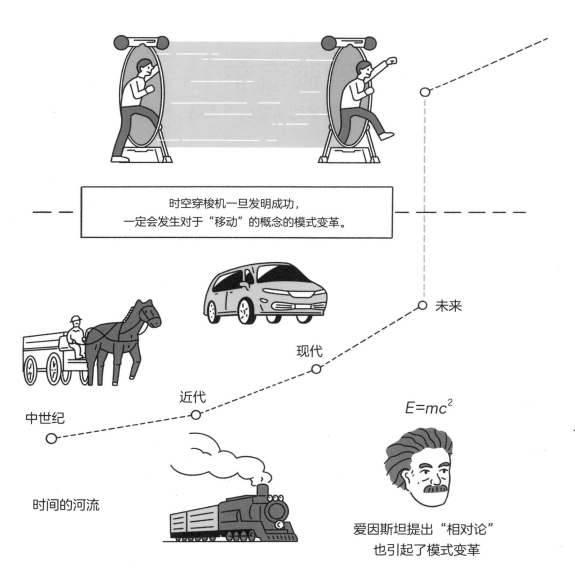

时空穿梭机一旦发明成功，
一定会发生对于"移动"的概念的模式变革。

未来

现代

近代

中世纪

时间的河流

$E=mc^2$

爱因斯坦提出"相对论"
也引起了模式变革

无人驾驶汽车

集成了信息技术的新型交通工具

所谓无人驾驶汽车，是指没有人类驾驶也能自动行驶的汽车。它利用各种传感器和物联网技术来读取周边路况。借助人工智能技术，在复杂的路况中自行判断并实施加速、制动或者操纵方向盘等操作。

无人驾驶汽车的开发竞争激烈。一方面，无人驾驶汽车的商用和普及，有望减轻道路拥堵、减少事故发生以及减轻驾驶员的负担。而另一方面，也存在比如发生事故时的责任划分、车辆被黑客控制的危险性以及"为了救某个人时是否可以牺牲其他人"这样的"火车轨道难题"等争议或问题。因此，无人驾驶汽车要真正实现仍有很多课题有待解决。

无人驾驶汽车的自动化程度被定义为 5 个级别：L1~L5。从系统仅仅是协助一部分驾驶操作的 L1 级开始，逐级增加系统参与操纵车辆的比例，到 L5 级，所有操纵都由系统自动完成。

在某些情况下提供加速、减速或方向盘操纵协助的 L2 级无人驾驶的商用化正在推广中，以系统为操纵主体的 L3 级无人驾驶的商用化也并不遥远。

关键词

无人驾驶汽车／黑客／火车轨道难题／级别 L1~L5

安全舒适的无人驾驶汽车
什么时候能实现呢？

AUTO

电子游戏、电子竞技

伴随信息技术一同而来的游戏世界

使用电脑来进行娱乐的项目之一是玩游戏。电脑游戏包括日常生活中常见的扑克、国际象棋、象棋等游戏，也包括射击、角色扮演、模拟和体育运动等游戏。

随着电脑的升级换代，游戏的形态也在发生着变化。比如搭载了电脑的游戏机，在社交平台上以应用软件的形式提供的社交游戏，智能手机里的游戏应用程序以及网页游戏等，玩法五花八门。此外，随着图像处理器（GPU）性能的提高，游戏的画质也变得极为精细，动作十分流畅，有些游戏甚至能表现出媲美电影画质的画面。尽管游戏玩家在线对战或者齐心协力完成任务的游戏类型很早就有了，但如今由于通信速度的高速化，上千人同时参与到游戏中一起玩耍也是可以的。

电子游戏比赛达到"竞技"层面就是电子竞技。世界各地都有举办这种由赞助商提供巨额奖金的电子竞技。有些职业玩家甚至能获得上亿日元的奖金。

关键词

游戏／社交游戏／游戏应用程序／GPU／通信速度／电子竞技

获得上亿日元奖金的电子竞技职业玩家出现了

过去的游戏

游戏加载中

现在的游戏

做各种动作的 NPC
（游戏里的角色）

能和世界各地的
玩家连线游戏

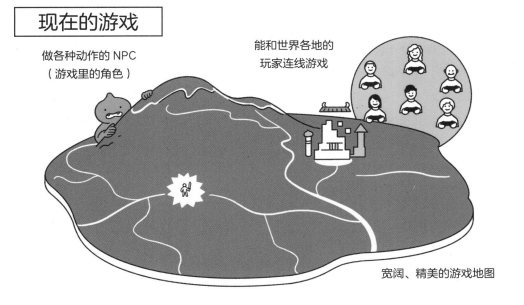

宽阔、精美的游戏地图

虚拟现实、增强现实

栩栩如生的虚拟世界

虚拟现实（VR）是一种能让人身临其境般体验计算机所营造的人造世界的技术。与之相对，在现实世界中融合计算机所营造的物体或景色的技术称为增强现实（AR）。

VR 是虚拟现实（Virtual Reality）的缩写，AR 是增强现实（Augmented Reality）的缩写。

现在的主流是体验利用视觉效果和音响效果构成的虚拟世界，在智能手机上也能简单体验这样的虚拟世界。

在采用了虚拟现实技术的游戏中，戴上头戴式显示器，游戏里的世界就会立体地展现在眼前，而且随着脸部或身体的移动，画面也会发生变化。

利用虚拟现实技术来欣赏体育比赛或演唱会直播的服务也开始出现。

全世界广受欢迎的游戏口袋妖怪 GO 则采用了增强现实技术，它是在摄像头实际拍到的画面中，融入了计算机制作出来的角色，从而制造出一个人造世界。此外，在家具配置的模拟或衣服试穿等服务中也引进了增强现实技术。

关键词

VR ／ AR ／头戴式显示器／直播／口袋妖怪 GO

现实与 VR、AR

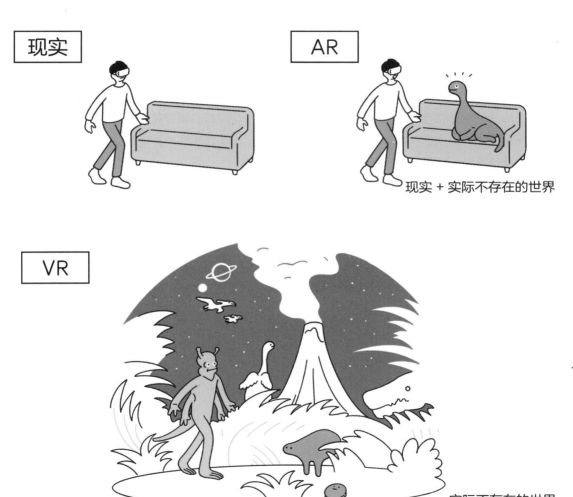

现实

AR

现实 + 实际不存在的世界

VR

实际不存在的世界

智慧农业

信息技术大大改变了传统农业

在农业领域，高龄化所导致的劳动力不足已成为一个问题。智慧农业把信息技术应用到农业中，使生产力得到飞跃性的发展。机器人、人工智能技术、物联网、无人机等最新技术都被积极地引入到智慧农业中。

在曾被认为难以引进信息技术的农业领域，尖端科技的应用正初见端倪。智慧农业主要由日本农林水产省推动，旨在实现节省劳动力，节省物力，提高农业工作效率，保证农产品高产、优质、稳定以及实现农业可持续经营等目标。由农业（Agriculture）和科技（Technology）合成的"农业科技"（Agritech）一词和"智慧农业"一词都涉及信息技术。

比如说在收获期，以往需要人眼来确认和判断蔬菜或水果等是否可以收割。而使用了人工智能的图像识别等功能后，就可以让机器人来学习如何确认和判断，从而代替人类进行收割作业。

此外，借助无人机可以进行田地数据采集或施肥等工作。无人乘坐的、能自动耕地的无人驾驶拖拉机也已进入实用阶段。

关键词
智慧农业／节省劳动力／节省物力／农业可持续经营／无人机／无人驾驶拖拉机

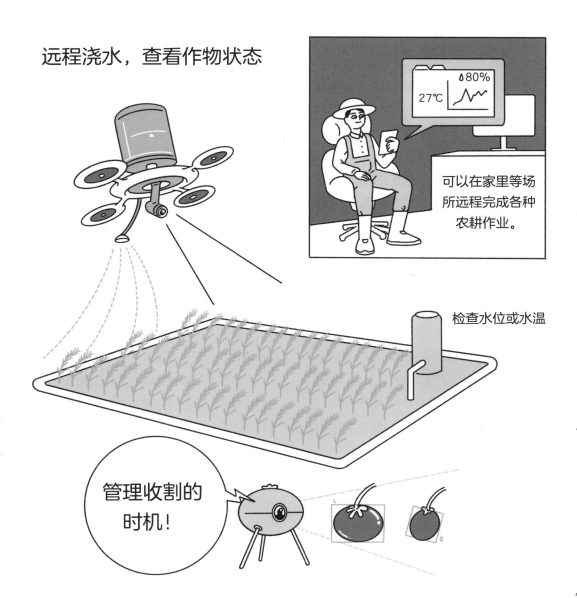

远程浇水，查看作物状态

可以在家里等场所远程完成各种农耕作业。

检查水位或水温

管理收割的时机！

遥感技术

太空技术和信息技术的合作

借助超级计算机计算恒星的演化，使用人工智能技术探索新的行星等，都是信息技术对外太空研究做出的巨大贡献。此外还有利用卫星遥测来采集地球上的数据，并把这些数据经过分析后应用到农业等领域。太空技术和信息技术间的合作正越来越深入。

信息技术和太空技术有非常好的共融性。很早以前，天文工作者就开始使用计算机来模拟恒星的构造，或者在探测器或宇宙空间站里借助计算机来进行监测和实验。对于外太空研究而言，信息技术是不可或缺的。

如今的太空技术，不再只是用于研究，还涉足民用和商用领域。其中一项就是发射搭载了监测传感器的人造卫星、从外太空监测地球的遥感技术。它能够通过光传感器监测地球上的明暗变化，使用温度传感器监测森林的温度，监测地球上的各种信息。

传感器所采集到的数据会作为大数据，用人工智能技术来进行分析。分析后的数据可用于农业、林业和渔业以及防灾等多个领域。

关键词

太空技术 / 遥测 / 模拟 / 监测传感器 / 人造卫星 / 光传感器 / 温度传感器

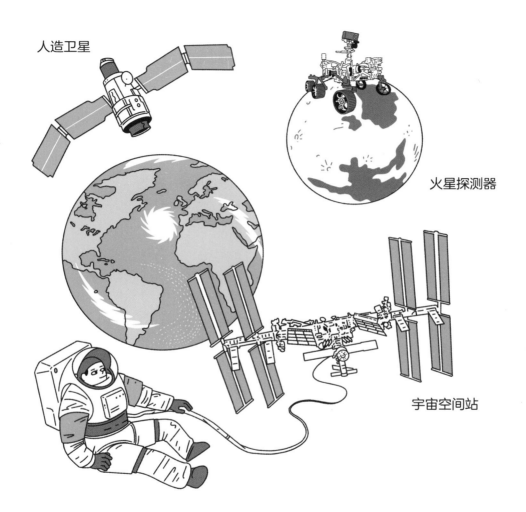

人造卫星

火星探测器

宇宙空间站

遥感技术的发展正在逐渐使外太空变得近在咫尺

作者简介

三津田治夫

曾在医疗器械制造公司担任物流和运营系统的开发工程师，自1995年起从事电子月刊、杂志以及网页杂志的编辑记者、图书编辑以及副主编工作。主要制作和出版人工智能、物联网和编程方面的图书。多次获得出版社内部和业界的奖项。现任Zukunft Works有限公司董事和社区团体"图书和IT研究会"代表。

武田侑大

1994年出生于爱知县。插图画家。擅长绘制多姿多彩的、以科技为主题的插画，其作品经常出现在网页、图书和杂志上。

岩崎美苗子

曾在教辅类出版社负责智育、英语等家庭学习教材的开发工作。后转到以出版信息技术相关图书为主的Sorekara有限公司从事图书编辑工作，也亲笔著书。工作内容涉及信息技术人员考试等相关考证策略图书，计算机应用软件类图书，网站内容的策划、执笔以及编辑校阅。